दश्त में दरिया

[ग़ज़लें व नज़्में]

दश्त में दरिया

शीन. काफ़. निज़ाम

राजकमल प्रकाशन
नयी दिल्ली पटना इलाहाबाद कोलकाता

ISBN : 978-81-267-2641-7

मूल्य : ₹ 350

पहला संस्करण : 1984
दूसरा संस्करण : 2014

प्रकाशक : राजकमल प्रकाशन प्रा. लि.
1-बी, नेताजी सुभाष मार्ग, दरियागंज
नई दिल्ली-110 002

शाखाएँ : अशोक राजपथ, साइंस कॉलेज के सामने, पटना-800 006
पहली मंजिल, दरबारी बिल्डिंग, महात्मा गांधी मार्ग, इलाहाबाद-211 001
36 ए, शेक्सपियर सरणी, कोलकाता-700 017

वेबसाइट : www.rajkamalprakashan.com
ई-मेल : info@rajkamalprakashan.com

मुद्रक : बी.के. ऑफसेट
नवीन शाहदरा, दिल्ली-110 032

DASHT MEIN DARIYA
Poems by Sheen Kaf Nizam

आदरणीय मदन भा (मदनलाल पुरोहित)

को सादर

'तुम न होते तो हम कहाँ होते'

—शीन. काफ़. निज़ाम

भूमिका

श्री शि. कृ. निज़ाम के (वह अपने को शीन. काफ़. निज़ाम लिखते हैं जो उर्दू वर्णमाला के विचार से तो सिद्ध हो सकता है लेकिन देवनागरी में मुझे स्वीकार नहीं होता) कविता-संग्रह की भूमिका मैं लिख रहा हूँ, यह मेरे लिए भी उतने ही अचरज की बात है जितनी उनके पाठकों के लिए होगी। अपनी स्थिति की सफ़ाई में यह नहीं कहूँगा कि इसका कारण निज़ाम साहब का स्नेहपूर्ण आग्रह रहा; ऐसा बहाना उनके साथ तो अन्याय होगा ही, मेरे बारे में भी झूठ होगा। मेरी स्थिति मुझे थोड़े असमंजस में भले ही डालती हो, है मेरे लिए बड़ी सुखद और तृप्तिकर! निज़ाम साहब का काव्य मैंने पढ़ा भी है, उनके गहन-गम्भीर स्वर में सुना भी और इस अनुभव से बार-बार आप्यायित हुआ हूँ। उनका काव्य-संग्रह देवनागरी संस्करण में हिन्दी पाठकों के सामने लाने के आयोजन के साथ मैं भी जुड़ जाऊँ तो यह मेरा सौभाग्य ही होगा। उर्दू साहित्य की मेरी अज्ञता के बावजूद मुझे आमन्त्रित करके उन्होंने मुझे उपकृत ही किया है।

निज़ाम का यह दूसरा संग्रह देवनागरी लिपि में आ रहा है : अनुमान किया जा सकता है कि उसके अधिसंख्य पाठक हिन्दी-भाषी तो होंगे ही, हिन्दी कविता के रसिक भी होंगे। उनके हिन्दी-काव्य-प्रेम से मेरा उर्दू काव्य का अज्ञान ढक तो नहीं जाएगा, लेकिन यह सम्भावना ज़रूर बनेगी कि मैं हिन्दी लेखक होने के नाते अपने उन पाठकों के निकट, जिनके साथ मेरा एक समान साहित्यिक संस्कार का साझा रहा है, अपने एक प्रिय कवि को भी ला सकूँ।

मैंने कहा कि निज़ाम साहब की कविताएँ मैंने उन्हीं के श्रीकंठ से सुनी हैं : समाज में बैठ कर सुनी हैं, जैसे कविता सुननी चाहिए। हिन्दी की आधुनिक कविता श्रव्य-परम्परा से दूर हट चुकी है; उर्दू कविता स्वभावतः आज भी

समाज में सुनकर ग्रहण की जानेवाली है। समाज में 'ग्रहण की जाती' न कह कर, 'ग्रहण की जाने वाली' साभिप्राय ही कह रहा हूँ। क्योंकि सम्प्रेषण की परिस्थितियों का काव्य के स्वरूप के साथ गहरा सम्बन्ध होता है। यों हिन्दी में 'गीत' अब भी लिखे जाते हैं और नई कविता के साथ 'नवगीत' की भी एक धारा चलाई जा रही है। लेकिन गीत की धारा कभी किसी काव्य की मुख्य धारा नहीं हो सकती, न कभी हुई है। उस युग में भी नहीं थी जब काव्य को गाकर प्रस्तुत करने का ही चलन था। हिन्दी काव्य के और उसके सामाजिक के स्वभाव में नई सम्प्रेषण-स्थिति से जो गहरा परिवर्तन आ गया है, शायद उसी का एक परिणाम यह है कि पिछले वर्षों से हिन्दी में एकाएक ग़ज़ल का चलन भी इतना बढ़ गया है। गीत की तरह ग़ज़ल भी मूलतः एक गेय रचना ही है। यद्यपि आज वह भी बहुधा सीधे-सीधे पढ़ दी जाती है।

हिन्दी और उर्दू की कविता की वर्तमान स्थिति में एक अन्तर यह है कि जहाँ गीत अब एक लघुतर परम्परा की गौण उपधारा बन गया है वहाँ उर्दू में ग़ज़ल का प्रभुत्व अभी तक बना हुआ है। नज़्म भी लिखी जाती है और उर्दू की नई काव्यधारा में उसका बढ़ता हुआ महत्त्व है; लेकिन यह नहीं कहा जा सकता कि नज़्म के विकास के कारण ग़ज़ल का स्थान उर्दू काव्य में वही हो गया है जो हिन्दी काव्य में गीत का है। बल्कि शायद इससे उलटा कहना ही उचित होगा-कि उर्दू में अभी तक ग़ज़ल ही मुख्य प्रतिष्ठित रचना-धारा है और उसकी अपेक्षा में नज़्म का वही स्थान है जो हिन्दी में गीत का है।

उर्दू साहित्य की अपनी अज्ञता मैंने स्वीकार कर ही ली है। अब यदि यह कहूँ कि शायद इससे मुझे यह अधिकार मिल जाता है कि हिन्दी के पाठक की दृष्टि से उर्दू काव्य के बारे में कुछ बातें कह सकूँ, तो इसे मेरी अतिरिक्त धृष्टता न समझा जाए। उर्दू और हिन्दी की काव्यधाराएँ मूलतः शायद उतनी अलग नहीं थीं या न होतीं जितनी आज हैं; उनके परस्पर दूर हटते जाने का कारण यही था कि एक समान भूमि पर खड़े होकर भी उन्होंने अलग प्रेरणा-स्रोत अपनाए और अलग-अलग संस्कृतियों से पुष्टि पाने का उपक्रम किया। (यह दूसरी बात है कि इन संस्कृतियों में भी परस्पर आदान-प्रदान होता रहा।) लेकिन ऐतिहासिक स्रोतों और संवेदन के संस्कारों की बात से पहले ध्यान में रखने की बात यह है कि कुछ गुण तो काव्यमात्र के स्वाभाविक गुण होते हैं। और इनके आधार पर हमें सर्वथा भिन्न काव्य-साहित्यों में भी

समानताएँ मिल जाती हैं। जिन संस्कृतियों के बीच की दूरी अलगाव से बढ़ कर अजनबीपन की सीमा तक पहुँच जाती है उनमें भी इन समानताओं के आधार पर यह सम्भव रहता है कि एक संस्कार में पला हुआ पाठक दूसरे संस्कार के काव्य का आस्वादन कर सके। ये समानताएँ ही दोनों के बीच सेतु का काम करती हैं और निरन्तर संचार को सम्भव बनाती हैं। बल्कि यह भी कह सकते हैं कि सांस्कृतिक आदान-प्रदान भी ऐसे ही सेतुओं के कारण सम्भव होता है। फिर इस आदान-प्रदान से संवेदन का एक साझा संस्कार भी बन जाता है।

मुक्तक काव्य भी एक ऐसा ही सेतु है। प्रबन्ध काव्य वह काम नहीं कर सकते जो मुक्तक करते हैं क्योंकि प्रबन्ध काव्य ऐतिहासिक सन्दर्भों, कथा-प्रसंगों, विषय-वस्तुओं और अभिप्रायों की जानकारी भर देते हैं, जबकि मुक्तक काव्य समान मानवीय भावभूमि पर खड़े होकर संवेदन के संस्कार और विस्तार में योग देते हैं। शायद संसार की किसी भी संस्कृति को किसी भी दूसरी संस्कृति के साथ जोड़ने के लिए उसका मुक्तक काव्य ही एक चौड़े और सुदृढ़ सेतु का काम देता है।

हिन्दी और उर्दू के बारे में भी यही बात सही है। निःसंदेह पहली नज़र में उर्दू ग़ज़ल और हिन्दी के सवैया, कवित्त, दोहा आदि को साथ रखना अटपटा लग सकता है और समानताओं की अपेक्षा भिन्नता की ओर ही अधिक ध्यान जा सकता है। और ये भिन्नताएँ उपेक्षणीय भी नहीं हैं। संस्कार की भिन्नता तो विशेष रूप से लक्षणीय है। और हिन्दी में ग़ज़ल के अथवा उर्दू में गीत के प्रवेश के बावजूद यह भिन्नता आज भी चालू अवसरवादी राजनीति के 'मिश्र संस्कृति' वाले तर्क को तो बिल्कुल काट देती है। ये भिन्नताएँ (बल्कि ये समानताएँ भी) किसी मिस्र संस्कृति के विकास का प्रमाण नहीं देतीं बल्कि यही दर्शाती हैं कि लगातार परस्पर प्रभाव ग्रहण करती हुई भी दो संस्कृतियाँ कैसे समान्तर चल सकती हैं।

लेकिन इस तर्क को आगे बढ़ाना प्रसंगान्तर होगा और प्रस्तुत कवि के साथ अन्याय भी। भिन्न संस्कारिकता के बावजूद मुक्तक काव्य में अभिप्रायों का एक समान भंडार है। भारतीय मुक्तक भी और हिन्दुस्तानी ग़ज़ल भी लगातार उस भंडार से अभिप्राय लेती रही है। और उर्दू ग़ज़ल क्रमशः उसकी ओर अधिकाधिक उन्मुख होती हुई फ़ारसी संस्कार से कटती गई है। आधुनिक

युग में तो इस दृष्टि से उर्दू में एक आमूल परिवर्तन हुआ–और कह सकते हैं कि तभी से उसका साहित्य वास्तव में भारतीय रचना-साहित्य का अंग हुआ। (शायद उर्दू में यह परिवर्तन न हुआ होता तो उर्दू के कवि के लिए गीत लिखना भी सम्भव न हुआ होता।) यह बात केवल अभिप्रायों के या कवि-समयों के बदल गए होने की नहीं है। यद्यपि यह भी सही है कि किशोर माशूक़ के बदले किशोरी नायिका की प्रतिष्ठा फ़ारसी के संस्कार में डूबे हुए कवि के लिए इतना बड़ा परिवर्तन था कि उसे स्वीकृति मिलने में कम से कम तीन पीढ़ियाँ तो लग ही गईं। संवेदन के नए संस्कार में केवल अभिप्रायों का बदलाव भर नहीं था बल्कि सांवेदनिक प्रतिक्रियाओं का रूपांतरण भी था। तर्क को मैं साम्प्रदायिक रूप नहीं देना चाहता, लेकिन उर्दू काव्य के इतिहास से परिचित अनेक पाठक स्मरण करेंगे कि पचास वर्ष पहले उर्दू में रचना करने वाले अनेक हिन्दू शायर इसी कारण स्वीकृति नहीं पाते थे कि काव्य-शास्त्र में निष्णात होने पर भी उनके संवेदन का संस्कार फ़ारसी का नहीं होता था–यानी उनका सोचना तो एक दूसरी दीक्षा को पूरी तरह ग्रहण कर सका होता था लेकिन उनका अनुभव करने का ढंग, उनका भाव-यन्त्र हिन्दी का बना रहता था। मैं हिन्दी न कहकर हिन्दू भी कह सकता, क्योंकि वही आलोचक के अव्यक्त मनोभाव के निकटतर होता, लेकिन उससे तर्क के वितरित हो जाने की आशंका है। दूसरी ओर मैं उसे हिन्दू न कहकर भारतीय भी कह सकता, लेकिन उससे एक दूसरे प्रकार की ग़लतफ़हमी हो सकती है। क्योंकि उर्दू भाषा और उसकी कविता अन्ततः भारत में ही जनमी और पनपी, उसे जिस चीज़ ने हिन्दी से दूर खींचा वह उसका अहिन्दू या अभारतीय होना नहीं था बल्कि उसका लगातार आग्रहपूर्वक एक ग़ैर संस्कार से जुड़ते चलना था। इस प्रवृत्ति का यत्किंचित विरोध पहले भी होता रहा था, और समय-समय पर एक नई उभरती साम्प्रदायिक संकीर्णता ने उसे फिर से बढ़ावा भी दिया था। उसे असली धक्का तो तब लगा जब देश आज़ाद हो गया और उसके साथ-साथ उर्दू भाषा का संसार भी दो में बँट गया। एक खंड के लिए भारतीय संस्कार का महत्त्व बहुत अधिक बढ़ गया तो दूसरे के लिए उससे अपने को अलग करने की ज़रूरत भी उतनी ही तीखी हो गई।

आज़ाद देश में उर्दू हिन्दी के निकट आई और हिन्दी में भी उस के प्रति खुलापन बना। (यह बात साहित्यिक सन्दर्भ में ही कही जा रही है। राजनीतिक

संदर्भ में तो इसे बहुत कुछ मर्यादित करना भी आवश्यक जान पड़ सकता है।) श्री रघुपति सहाय 'फ़िराक़' का काव्य इसका एक बहुत अच्छा उदाहरण है। फ़िराक़ साहब स्वयं जीवन-भर हिन्दी भाषा और उस के कवियों को कोसते रहे; लेकिन स्वयं उनकी कविता उनके सारे तर्कों के विरुद्ध एक प्रबल प्रमाण प्रस्तुत करती है। उनकी कविता उर्दू के दूसरे किसी कवि की अपेक्षा कहीं अधिक हिन्दी के प्रति खुली है; और किसी उर्दू कवि की अपेक्षा कहीं अधिक हिन्दी प्रतिभा और उसके संवेदन से प्रेरणा लेती रही है। स्वयं फ़िराक़ साहब तुलसीदास को बहुत बड़ा कवि मानते थे और अन्त तक तुलसी के प्रति अपनी श्रद्धा प्रकट करते रहे, बाद के हिन्दी कवियों की हमेशा उन्होंने भर्त्सना ही की; लेकिन हर कवि शायद अपने निकट सहवर्तियों के प्रति असहिष्णु होता है क्योंकि उन्हीं से अलग करके अपने को प्रतिष्ठित करना उसकी एक बड़ी आवश्यकता होती है। फ़िराक़ उर्दू के कवि थे, उर्दू के भारतीय कवि थे, क्योंकि उनके काव्य का संस्कार बड़ी गहराई में भारतीय संस्कार था। (आज वह जीवित होते तो मैं कहता कि फ़िराक़ उर्दू के हिन्दी कवि थे। निश्चय ही ऐसा कहने पर वह मुझे मारने दौड़ते या कम से कम गाली तो देते ही। अब इसीलिए नहीं कहता कि अब वह वैसा करने को मौजूद नहीं हैं...)

निज़ाम साहब की कविताएँ मुझे सबसे पहले इसीलिए आकृष्ट करती हैं कि वे भारतीय रचनाएँ हैं। जिस संवेदन संसार में वे हमें आमंत्रित करती हैं वह हमारा जाना-पहचाना है और उसमें वह बड़ी सहजता से प्रवेश करते हैं। फिर जो देश-काल उनकी रचनाओं में गूँजता है वह भी हमारा अपना सुपरिचित देश-काल है। हमें अपने को यह याद नहीं दिलाना पड़ता कि हम किसी सुन्दर मगर पराये बग़ीचे में झाँक रहे हैं। कभी वह वातावरण आहूत करता या रचता है तो वह हमारे साधारण छोटे शह्र का अत्यन्त अपना वातावरण होता है-इतना अपना कि हम चौंक कर जानते हैं, यह इस निकटता के कारण ही तो अलक्षित रह गया था, पर अब नहीं भुलाया जा सकता। उपेक्षित आत्मीयों की नई पहचान, उनके साथ पुनः जीवित राग-बन्ध की स्थापना-यह अच्छे काव्य का महत्त्वपूर्ण गुण है।

निज़ाम साहब के काव्य में एक और बात मुझे विशेष आकृष्ट करती है; वह है उसमें भावना और विचार का विलक्षण सामंजस्य। निज़ाम दूर की

कौड़ी लाने वाले या उड़ती चिड़िया के पर काटने वाले शायर नहीं हैं। चमत्कारी बात उनकी अभीष्ट नहीं है। सीधा-साधा मानवीय सत्य कितना बड़ा चमत्कार होता है यह वह जानते हैं, और उसी को अपने भीतर से पाना, उसी को दूसरे के भीतर उतार देना उनका अभीष्ट है।

ग़ज़ल के स्वभाव में ही यह चीज़ है कि उसका एक-एक शेर विचार अथवा भाव वस्तु की दृष्टि से एक मुक्तक होता है: लय अथवा तुक इन मुक्तकों को शृंखलित करती चलती है। एक ओर लय तथा तुक के सहारे यह सीढ़ी दर सीढ़ी काव्य-यात्रा की प्रतीति, दूसरी ओर मुक्तक की अलग-अलग फुलवारियों में सैर करने का अनुभव-ग़ज़ल का यही विशेष आकर्षण है। यों आजकल की ग़ज़लों में विचार अथवा अभिप्राय का तारतम्य लगातार तीन-चार बन्दों तक भी चल सकता है और निज़ाम की ग़ज़लों में भी कभी-कभी देखने को मिलेगा। प्रत्येक मुक्तक वास्तव में मुक्त ही हो, यानी वैचारिक पूर्वापरता उसमें न हो, ऐसा कोई आग्रह उनका नहीं है। फिर भी विचारों अथवा भावों के जगत् में मुक्त आसंगों की-सी एक निरायास यात्रा होती रहे इस उद्देश्य की पूर्ति निज़ाम की ग़ज़लें भी बखूबी करती हैं। कभी-कभी तो एक ही शेर पढ़कर पाठक गहरे में छुआ जाकर देर तक वहीं निःस्तब्ध रुका रह सकता है-ग़ज़ल इसकी छूट देती है।

मुझे कविता प्राय: याद नहीं रहती-और मुक्तक याद रहने के लिए ही बने होते हैं, फिर भी मुझे बहुत कम याद रहते हैं। लेकिन निज़ाम के कुछ शेर मुझे अकस्मात् कंठस्थ हो गए और वे मेरी भाव सम्पत्ति का अंग बन गए हैं। इस के लिए मैं उनका आभारी हूँ।

उर्दू के अनेक कवियों के छोटे-बड़े संकलन हिन्दी में (अर्थात् देवनागरी में लिप्यन्तरित) उपलब्ध हो गए हैं। यह एक शुभ प्रवृत्ति है। इससे हिन्दी का पाठक उर्दू साहित्य से ही परिचित नहीं होगा बल्कि उर्दू साहित्य भी एक विशालतर समुदाय तक पहुँच सकेगा और उसके विवेक पोषित स्नेह से शक्ति ग्रहण करेगा। मेरा विश्वास है कि निज़ाम साहब का यह संग्रह हिन्दी जगत में दूर-दूर तक पढ़ा जाएगा और सम्मान पाएगा; इतना ही नहीं, वह एक बहुत बड़े पाठक वर्ग का अपना हो जाएगा; अपना, आत्मीय और सखावत् सहज आनन्द देने वाला।

'अज्ञेय'

क्रम

ग़ज़ल

दरवाज़ा कोई घर से निकलने के लिए दे
बेख़ौफ़ कोई रास्ता चलने के लिए दे

आँखों को अता ख़्वाब किए शुक्रिया, लेकिन
पैकर भी कोई ख़्वाबों में ढलने के लिए दे

पानी का ही पैकर किसी परबन को अता कर
इक बूँद ही नद्दी को उछलने के लिए दे

सहमी हुई शाख़ों को ज़रा-सी, कोई मुहलत
सूरज की सवारी को निगलने के लिए दे

सब वक़्त की दीवार से सिर फोड़ रहे हैं
रोज़न ही कोई भाग निकलने के लिए दे

सैलाब में साअत की मुझे फेंकने वाले
टूटा हुआ इक पल ही सँभलने के लिए दे

महफ़ूज़ जो तरतीबे-अनासिर से हैं असरार
तो ख़ोल को इक आँच पिघलने के लिए दे

तख़ईल को तख़लीक़ की तौफ़ीक़ अता कर
फिर पहलू से इक चीज़ निकलने के लिए दे

रोज़न = छिद्र, सैलाब = बाढ़, साअत = क्षण, महफ़ूज़ = सुरक्षित, तरतीबे-अनासिर = तत्त्वों का क्रम, असरार = रहस्य, ख़ोल = आवरण, तख़ईल = कल्पना-शक्ति, तख़लीक़ = सृजन, तौफ़ीक़ = सामर्थ्य

मिरे ख़ाको-ख़ूँ में उतरती हुई
है सय्याल शय इक सँवरती हुई

मुझे गोद में अपनी भरती हुई
ख़ला ही ख़ला है पसरती हुई

हवा है फ़ज़ा में बिखरती हुई
परिन्दों के पर को कतरती हुई

ख़ाको-ख़ूँ=मिट्‌टी और रक्त, सय्याल शय=तरल वस्तु, ख़ला=शून्य

मिलाया यूँ ही उम्र और सम्त को
वो थी तो मुझी से निसरती हुई

उठी सर हिलाती हँसी-भागती
वो हाथों को कानों पे धरती हुई

मैं ज़र्रा-ब-ज़र्रा समेटूँ उसे
वो मंज़र-ब-मंज़र बिखरती हुई

अगर रात और दिन हैं तो आएगी
वो ख़ुद को ही तहरीर करती हुई

मुजर्रद से गर हम मुजस्सम हुए
हमें धर के तू भी तो धरती हुई

ख़ला दर ख़ला उसके आगे 'निज़ाम'
सहमती हुई कुछ सिहरती हुई

सम्त=दिशा, ज़र्रा-ब-ज़र्रा=कण-कण, मंज़र-ब-मंज़र=दृश्य में दृश्य, तहरीर=लिखना, मुजर्रद=अमूर्त, मुजस्सम= मूर्त, ख़ला-दर-ख़ला=शून्य में शून्य

वो गुनगुनाते रास्ते ख़्वाबों के क्या हुए
वीरान क्यूँ हैं बस्तियाँ बाशिन्दे क्या हुए

वो जागती जबीनें कहाँ जा के सो गईं
वो बोलते बदन जो सिमटते थे क्या हुए

जिन से अँधेरी रातों में जल जाते थे दिये
कितने हसीन लोग थे, क्या जाने, क्या हुए

जबीनें=जबीन का बहुवचन, ललाट

ख़ामोश क्यूँ हो कोई तो बोलो जवाब दो
बस्ती में चार चाँद-से चेहरे थे, क्या हुए

हम से वो रतजगों की अदा कौन ले गया
क्यूँ वो अलाव बुझ गए वो क़िस्से क्या हुए

पूरे थे अपने आप में आधे-अधूरे लोग
जो सब्र की सलीब उठाते थे क्या हुए

मुम्किन है कट गए हों वो मौसिम की धार से
उन पर फुदकते शोख़ परिन्दे थे क्या हुए

किसने मिटा दिये हैं फ़सीलों के फ़ासले
वाबस्ता जो थे हम से वो अफ़साने क्या हुए

खंभों पे ला के किस ने सितारे टिका दिए
दालान पूछते हैं कि दीवाने क्या हुए

ऊँची इमारतें तो बड़ी शानदार हैं
पर इस जगह तो रैन बसेरे थे क्या हुए

शोख़=चंचल, फ़सीलों=परकोटों, वाबस्ता=सम्बन्धित

अक्स आसेब आईना जंगल
इब्तिदा अब्र इन्तिहा जंगल

है हवा हम्द और दुआ जंगल
आदमी ख़ाक है, ख़ुदा जंगल

बैन बारिश की नद्दियाँ सारी
और मौसिम का मर्सिया जंगल

अक्स=बिम्ब, आसेब=प्रेतादि बाधा, इब्तिदा=प्रारम्भ, अब्र=बादल, इन्तिहा=अन्त, अन्तिम, हम्द=स्तुति, बैन=विलाप, मृतक के गुणों का वर्णन करके आप भी रोना और दूसरों को भी रुलाना

कौन उसको जलाने वाला था
अपनी ही आग में जला जंगल

जाने किस को सदायें देता है
बस्तियों में मकान का जंगल

क्या कहाँ है, मैं खुद ही देखूँगा
सामने से मिरे हटा जंगल

जुगनुओं की ज़बान समझें तो
सौ कथाओं की इक कथा जंगल

घर की दीवारें गर्म रखने को
काट लेंगे रहा-सहा जंगल

बूँद बन बन के बिखरता जाए
अक्स आईने को भरता जाए

बन के कल कल जो गुज़रता जाए
अपने वादे से मुकरता जाए

एक ही लय में बहे जाता है
और लगता है ठहरता जाए

शह्‌र सागर का भी हमज़ाद कहाँ
मौज-दर-मौज बिफरता जाए

अक्स माक़ूस हुआ है जब से
अपनी नज़रों से उतरता जाए

एक नद्‌दी है कि रुकती ही नहीं
एक तूफ़ान उतरता जाए

एक कोंपल में सिमटने के लिए
पेड़ का पेड़ बिखरता जाए

अक्स=बिम्ब, हमज़ाद=एक से स्वभाव वाला, मौज-दर-मौज=लहर में लहर, माक़ूस=प्रतिबिम्ब

और कुछ देर यूँ ही शोर मचाए रखिए
आस्माँ है तो उसे सर पे उठाए रखिए

उँगलियाँ गर नहीं उट्ठें, तो न उट्ठें लेकिन
कम से कम उसकी तरफ़ आँख उठाए रखिए

बारिशें आती हैं तूफ़ान गुज़र जाते हैं
कोहसारों की तरह पाँव जमाए रखिए

खिड़कियाँ रात को छोड़ा न करें आप खुलीं
घर की है बात तो फिर घर में छिपाए रखिए

अब तो अक्सर नज़र आ जाता है दिल आँखों में
मैं न कहता था कि पानी है दबाए रखिए

कौन जाने कि वो कब राह इधर भूल पड़े
अपनी उम्मीद की शम्ओं को जलाए रखिए

कब से दरवाज़ों को दहलीज़, तरसती है 'निज़ाम'
कब तलक गाल को कोहनी पे टिकाए रखिए

कोहसारों=पहाड़ों

फिर आश्ना-अजनबी-सा कोई उदास लम्हा ठहर गया क्या
जो उसके हाथों से छूटा तिनका, वो पानी सर से गुज़र गया क्या

अगर हवा का उदास झोंका, गली में बैठा हो तो ये पूछो
बहुत दिनों से नज़र न आया, किस हाल में है, उधर गया क्या

हमें जो पीता था जुरआ-जुरआ, जिसे कि साँसों से हमने सींचा
था जिसका साया घना-घना-सा, वो पेड़ अब के बिखर गया क्या

न शब को कोई सँवारता है, न दिन को कोई उजालता है
वो आख़िरी शह्रे-आरज़ू भी समुन्दरों में उतर गया क्या

बुझे दियों को जलाने वाला, मरे हुओं को जिलाने वाला
कहीं से कोई सदा नहीं क्यूँ, वो अपने साये से डर गया क्या

सियाही ओढ़े खड़ी है अब के, कगार पर क्यूँ फ़सीले-शब के
उदास आँखों से देखती है, वो ज़ख़्म यादों का भर गया क्या

जुरआ-जुरआ=घूँट-घूँट, शब=रात, शह्रे-आरज़ू=आकांक्षाओं का नगर, सियाही=कालिमा, काला वस्त्र, फ़सीले-शब=रात का परकोटा

वही न मिलने का ग़म और वही गिला होगा
मैं जानता हूँ मुझे उसने क्या लिखा होगा

किवाड़ों पर लिखी अबजद गवाही देती है
वो हफ़्तरंगी कहीं चाक ढूँढ़ता होगा

पुराने वक़्तों का है क़स्र ज़िन्दगी मेरी
तुम्हारा नाम भी उसमें कहीं लिखा होगा

चुभन ये पीठ में कैसी है, मुड़ के देख तो ले
कहीं कोई तुझे पीछे से देखता होगा

गली के मोड़ से घर तक अँधेरा क्यूँ है 'निज़ाम'
चिराग़ याद का उसने बुझा दिया होगा

गिला=शिकायत, अबजद=वर्णमाला, हफ़्तरंगी=सप्तरंगी, क़स्र=महल

अब ज़मीनों पे आस्मान कहाँ
धूप है सर पे सायबान कहाँ

फ़र्द बाक़ी हैं, ख़ानदान कहाँ
ढूँढ़ते हैं मकीं मकान कहाँ

तुम हो ख़ामोश, मैं भी गुमसुम हूँ
अब कोई अपने दर्मियान कहाँ

अब हवाओं में हम मुअल्लक़ हैं
अपने होने का अब गुमान कहाँ

काग़ज़ी नाव है, भरोसा क्या
इन जहाज़ों के बादबान कहाँ

नापता हूँ नज़र से ऊँचाई
पर सलामत हैं पर उड़ान कहाँ

सायबान=जिस से साया हो, फ़र्द=व्यक्ति, मकीं=मकान में रहने वाले, मुअल्लक़=लटके हुए, गुमान=संदेह, बादबान=पोतपट, जहाज में लगाया जानेवाला पर्दा जिसमें हवा भरकर जहाज चलता है

क्या ख़बर थी आतिशी आबो-हवा हो जाऊँगा
ख़ाको-ख़ूँ का मुस्तक़िल मैं सिलसिला हो जाऊँगा

इब्तिदा हूँ आप अपनी इन्तिहा हो जाऊँगा
बारिशों का क़ुर्ब पा कर फिर हरा हो जाऊँगा

झाड़ियों की उँगलियाँ लपकेंगी गरदन की तरफ़
पहली शब के आख़िरी पल की दुआ हो जाऊँगा

आतिशी आबो-हवा=गर्म हवा और पानी, ख़ाको-ख़ूँ=मिट्टी और रक्त, मुस्तक़िल=स्थायी, इब्तिदा=प्रारम्भ, इन्तिहा=अन्त, क़ुर्ब=सामीप्य

आस्माँ की सम्त उट्ठेंगे बगूले और मैं
रफ़्ता-रफ़्ता इक मुक़ामे-गुमशुदा हो जाऊँगा

चिलचिलाती धूप में अपना सरापा रेख कर
रात की तन्हाइयों का वसवसा हो जाऊँगा

कुछ न कुछ खोता चला जाऊँगा इक इक मोड़ पर
और फिर मैं एक दिन तेरा कहा हो जाऊँगा

खुरदरे और खोखले बरगद का बाज़ू थाम कर
सुब्हे-सीमीं का मआले-तैशुदा हो जाऊँगा

जब कोई झुकने लगेगा शाम की दहलीज़ पर
गुम्बदे-मोहूम का मैं मुब्तना हो जाऊँगा

फड़फड़ाते देखकर तारों में कफ़्तर को 'निज़ाम'
उँगलियों की उलझनों में मुब्तला हो जाऊँगा

सम्त=तरफ़, रफ़्ता-रफ़्ता=धीमे-धीमे, मुक़ामे-गुमशुदा=खोया हुआ स्थान, सरापा=सर से पाँव तक, तन्हाइयों=तन्हाई का बहुवचन, वसवसा=अनिष्ट की शंका, सुब्हे-सीमीं=रजत प्रभात, मआले-तैशुदा=पूर्व निश्चित अंत, गुम्बदे-मोहूम=गुम्बद जो केवल भ्रम ही भ्रम हो, मुब्तना=बुनियाद डाला हुआ, कफ़्तर=कबूतर, मुब्तला=ग्रस्त

बदलाव से बोझल हुई कोंपल में मिलेगी
बंदिश की कसक, या हमें छागल में मिलेगी

हर सम्त से सन्नाटों का सैलाब उठेगा
लेकिन कोई तस्वीर न हलचल में मिलेगी

क्या जानिए कल चीख़ का क्या नाम पड़ेगा
हँसती हुई इक चीज़ तो कल कल में मिलेगी

फुफकारें उठेंगी यहाँ गुंजान घरों से
कल कोई भी शय उनको न जंगल में मिलेगी

सुनसान सबेरे किसे चुपचाप तकेंगे
बकरे की बला भी जो न देवल में मिलेगी

दीवारों के सायों के सिमटने की कहानी
गुम्बद से बरसते हुए काजल में मिलेगी

हर चेहरे प' ऊपर को उठी होंगी दो आँखें
धँसती हुई हर सम्त भी दलदल में मिलेगी

सम्त=दिशा, सैलाब=प्लावन, शय=चीज़, देवल=समाधि की शक्ल-सी एक इमारत, जो किसी महापुरुष की स्मृति-स्वरूप राजस्थान में बनाई जाती है

नज़्रे-बानी

मैं औराक़े-हैरानी में
इक साया गँदले पानी में

मुश्किल आई आसानी में
हैं सारे मंज़र पानी में

ढूँढ़ें फिर होने का मतलब
अब आयाते-इम्कानी में

सुब्हे-अज़ल से मैं बैठा हूँ
इक बेनाम परेशानी में

देखो कितनी आबादी है
मेरी ख़ानावीरानी में

कौन बताए क्या कैसा है
है सब कुछ बहते पानी में

पानी में पानी होता है
प्यास नहीं होती पानी में

मैं उस के दिल में रहता था
अब तो हूँ बस पेशानी में

नज़्रे-बानी: आधुनिक उर्दू ग़ज़ल के महत्त्वपूर्ण शाइर बानी की स्मृति में, औराक़े-हैरानी=चकित करनेवाले पृष्ठ, मंज़र=दृश्य, आयाते-इम्कानी=संभावना का श्लोक, सुब्हे-अज़ल=प्रारम्भिक सुबह, ख़ानावीरानी=भाग्यहीनता, पेशानी=ललाट

दम घुट रहा है रात दिन की सर्द जंग से
बाहर निकाल दे मुझे ठंडी सुरंग से

इक चीख़ दब के रह गई आफ़ाक़ के क़रीब
निकलेगा पा-ए-फ़ील क्या दहने-निहंग से

मुम्किन है ख़ाके-पा का करे वो भी इन्तज़ार
मिलता है उसका रंग भी पत्थर के रंग से

चख लूँ, ये कह के चाट गया रोशनी तमाम
वो साँप मर सकेगा न तेग़ो-तुफ़ंग से

ख़ामोश, बेज़ुबान-सा, मैं देखता रहा
शरमा रही थी धूप भी चेहरों के रंग से

वो हाथ धो न बैठे बसारत से एक दिन
जो खेलता है हल्क़-ए-अश्काले-रंग से

होशो-हवास अब के सबुकसर हुए 'निज़ाम'
आवाज़ जाने कैसी निकलती है चंग से

सर्द जंग=शीत युद्ध, आफ़ाक़=क्षितिजों, पा-ए-फ़ील=हाथी का पाँव, दहने-निहंग=मगरमच्छ का मुँह, ख़ाके-पा=पाँवों की मिट्टी, तेग़ो-तुफ़ंग=तलवार और बन्दूक़, बसारत=दृष्टि, हल्क़-ए अश्काले-रंग=रंगों की शक्ल के घेरे, होशो-हवास=संज्ञा और बुद्धि, सबुकसर=शर्मिन्दा

जंगल से जलते-बुझते नगर, मेरे नाम क्यूँ
मुम्किन नहीं है फिर भी मफ़र मेरे नाम, क्यूँ

अय्याम जिस में रहते हों आसेब की तरह
ख़्वाबों के ख़ाक-ख़ाक खंडर, मेरे नाम क्यूँ

हमसाये में हजर, न कहीं साया - ए - शजर
जामिद जनम जनम का सफ़र, मेरे नाम क्यूँ

मफ़रूर मुल्ज़िमों-सा, मसाफ़त में मह्व हूँ
काले समुन्दरों का सफ़र, मेरे नाम क्यूँ

शोले की आरज़ू में करूँ रक़्स उम्र भर
उसने किया लिबासे-शरर, मेरे नाम क्यूँ

मफ़र=रक्षा या बचाव, अय्याम=योम का बहुवचन, दिवस; आसेब=भूत-प्रेत, हमसाये=पड़ौस, हजर=पत्थर, साया-ए-शजर=पेड़ की छाँह, जामिद=जड़, मफ़रूर=भागा हुआ, मुल्ज़िमों-सा=अभियुक्तों-सा, मसाफ़त=यात्रा, मह्व=मग्न, रक़्स=नृत्य, लिबासे-शरर=चिन्गारी का परिधान

बेमौज पानियों का सफ़र देखते रहो
दिखलाए जो भी सूखा शजर देखते रहो

तारीकियों में डूबते घर देखते रहो
बहरा नगर है, रख़्ते-सफ़र देखते रहो

चेहरों के नक़्श रात की दलदल में खो गए
अब सामने है दश्ते-सहर, देखते रहो

तकती रही है बरसों तुम्हें घर की ख़ामुशी
अब तुम भी साअ़तों का सफ़र देखते रहो

हर-हर क़दम पे टूटते ख़्वाबों के सिलसिले
मौजे-तलब में ख़ूने-जिगर देखते रहो

बेमौज=बिना लहरों वाले, शजर=पेड़, तारीकियों=अँधेरों, रख़्ते-सफ़र=यात्रा का सामान, नक़्श=चिह्न, दश्ते-सहर=सवेरे का जंगल, साअ़तों=क्षणों, मौजे-तलब=इच्छा, माँग की लहर; ख़ूने-जिगर=आकांक्षा का रक्त

ख़ाक भी हो गई ख़ला अब के
जाने किस सम्त है हवा अब के

हो गया ख़ुद से सामना अब के
फ़ासला और बढ़ गया अब के

वो जो इक मेरा दूसरा मैं था
छोड़ कर वो भी चल दिया अब के

गुम्बदे-गुमरही में आ पहुँचा
कैसा भूला हूँ रास्ता अब के

पहले जंगल जुदाई के थे नसीब
ऐ ख़ुदा! तूने क्या लिखा अब के

ये सफ़र किस तरह कटेगा 'निज़ाम'
साथ अपने नहीं दुआ अब के

ख़ाक=धरती, ख़ला=शून्य, सम्त=दिशा, गुम्बदे-गुमरही=पथभ्रष्ट करनेवाला गुम्बद

फिर बोले सन्नाटे सूने
शायद याद किया है तूने

फिर आँखों से नींद चुरा ली
कोरे काग़ज़ की ख़ुशबू ने

देखा तो झाड़ी को देखा
कातर आँखों से आहू ने

आहू=हिरण

रूप उकेरे कैसे कैसे
मिल कर पुरवा से बालू ने

कैसे कैसे नक़्श निकाले
सहने-ख़ला में सिर्फ़ लहू ने

कितने चेहरों की आवाज़ें
हम को सुनाई हैं धू धू ने

बोलना चाहें, बोल न पाएँ
जीभ को थाम लिया तालू ने

थोहर थोहर उलझे दामन
याद के ज़ख़्म हुए हैं दूने

फिर पर्दों की क्या पाबन्दी
सब कुछ लफ़्ज लगे हैं छूने

फैल गया जो कुछ लिखा था
आँसू को समझा आँसू ने

नक़्श=चिह्न, सहने-ख़ला=शून्य का आँगन

मिरे ख़ुश्क खेतों को बरसात दे
तू पेड़ों को फल, फूल और पात दे

जो छू ले दिलों को वही बात दे
हमें तो पुरानी हिकायात दे

फ़रिश्ते फ़िज़ाओं में फिरने लगें
मुहब्बत की हम सबको सौग़ात दे

ख़ुश्क=शुष्क, हिकायत=कहानियाँ

दे तौफ़ीक़ तेरी तमन्ना करें
तिरा नाम लेने की औक़ात दे

तिरी अज़्मतों को मुनव्वर करें
हमें चन्द ऐसे भी लम्हात दे

लहू रंग रोती हुई आँख को
कभी मुज़्द-ए-मर्गे-आफ़ात दे

तू आफ़ाक़-इन्कार मिस्मार कर
हमें अब तो आदाबे-अस्बात दे

ज़मीरों में क़ंदीले-क़ुरबत जला
उमंगों को उल्फ़त की आदात दे

तौफ़ीक़=सामर्थ्य, औक़ात=हैसियत, वक्त का बहुवचन; अज़्मतों=महानताओं, मुनव्वर=प्रकाशित, लम्हात=पलों, मुज़्द-ए-मर्गे-आफ़ात=संकटों की मृत्यु का शुभ-संदेश, आफ़ाके-इन्कार=नकारने के क्षितिज, आदाबे-अस्बात=स्वीकृति का ढंग, ज़मीरों=अन्त:करण का बहुवचन, क़ंदीले-क़ुरबत=सामीप्य का दीप, उल्फ़त=प्रेम, आदात=आदत का बहुवचन

मैंने इक सपना देखा था
नूर का इक दरिया बहता था

मंज़र में मंज़र फैला था
लेकिन मैं तन्हा बैठा था

जंगल-जंगल हरियाली थी
पत्ता-पत्ता काँप रहा था

चन्द अनजानी आवाज़ें थीं
शायद वो पहला नग़मा था

लहरों में लहरें डूबी थीं
ठंडा पानी हाँफ रहा था

देख रहा था पानी मुझको
मैं पानी को देख रहा था

पीछे-पीछे भाग रहा था
आईना ख़ामोश खड़ा था

ठहरे पानी की पलकों पर
इक बच्चा हँस खेल रहा था

पैराहन का पाप था जी में
सब्ज़े से भी डर लगता था

बदल चुका था सबकुछ लेकिन
सब कुछ वैसे का वैसा था

गहरे ग़ार की ख़ामोशी में
सीने से सोता फूटा था

चश्मे-ज़दन में क्या होता है
क्या जाने किसने पूछा था

सन्नाटों के गहरे साये
थामे हुए चुपचाप खड़ा था

सब्ज़े=हरियाली, ग़ार=गुफा, सोता=स्रोत, चश्मे-ज़दन=पलक झपकते

जंगल के झरने की धार
चाहा भर लूँ बाँह पसार

घने दरख़्तों की सिसकार
और नदी की एक नकार

बूँद नदी सागर संसार
पानी तेरे रूप हज़ार

वा कर आफ़ाक़ी आग़ोश
देख तो लूँ क्या है उस पार

दहलीज़ों दहलीज़ों तक
चलना थकना कितनी बार

दूर उफ़ुक़ से फिर उभरी
कोमल काजल-सी तलवार

जंगल में क्यूँ याद आए
अपने आँगन के असरार

वा=खोलना, फैलाना; आग़ोश=क्षितिज की गोद, उफ़ुक़=क्षितिज, असरार=रहस्य

जंगल जंगल जादू बोले
सौंधी मिट्टी की बू बोले

झरने की आवाज़ें सुन कर
जंगल की बूढ़ी जू बोले

शोर मचाते सन्नाटों में
ख़ालो–ख़त की ख़ुशबू बोले

जू=नदी, ख़ालो–ख़त=त्वचा पर बनी लकीरें और तिल

गहरी नद्दी के सीने पर
साँझ ढले तो चप्पू बोले

सहमी सिमटी वुसअत में भी
सिहरन फैले जो तू बोले

परछाईं से मिल कर अक्सर
पानी का इक इक मू बोले

सबका सब कुछ खो जाता है
जब पुरवा से बालू बोले

सदियों पीछे लौट रही है
शायद गुम्बद में बू बोले

वुसअत=विस्तार, मू=रूआँ

छीन कर वो लज़्ज़ते–सोतो–सदा ले जाएगा
हाथ शल कर जाएगा, हर्फ़े–दुआ ले जाएगा

बीच का बढ़ता हुआ हर फ़ासला ले जाएगा
एक तूफ़ाँ आएगा सब कुछ बहा ले जाएगा

देखना ! बढ़ता हुआ ये ख़्वाहिशों का सिलसिला
मौजे–ख़ूँ दिखलाएगा, रंगे–हिना ले जाएगा

लज़्ज़ते-सोतो-सदा=ध्वनि और आवाज़ का आनन्द, शल=शिथिल, हर्फ़े-दुआ=प्रार्थना-शब्द, मौजे-ख़ूँ=रक्त की लहर, रंगे-हिना=मेंहदी का रंग

बेमुक़द्दर छोड़ जाएगा सभी पेशानियाँ
रोशनी आँखों की सीने की ज़िया ले जाएगा

घर से जाते वक़्त वो अब के बुज़ुर्गों की दुआ
ले तो जाएगा मगर डरता हुआ ले जाएगा

लम्स में मिल जाएगा आवाज़ का असरार भी
पानियों के पैकरों को भी उठा ले जाएगा

इक परिन्दा रात की चौखट पे आएगा 'निज़ाम'
देखना है देगा क्या और हमसे क्या ले जाएगा

बेमुक़द्दर = बिना किसी भाग्य के, पेशानियाँ = ललाट, ज़िया = प्रकाश, लम्स = स्पर्श, असरार = रहस्य, पैकरों = बिम्बों

चेहरों की चोरी करता है
आईना आसेबज़दा है

जाने क्या उसने सोचा है
फिर पत्थर के पास खड़ा है

शह्‌र हमारा कुछ मत पूछो
आवाज़ों का इक सहरा है

आवाज़ों के जंगल में भी
सन्नाटा ही सन्नाटा है

दोनों तरफ़ कुहसार खड़े हैं
बीच में इक दरिया बहता है

आहट है तेरे क़दमों की
या कोई पत्ता खड़का है

आसेबज़दा=भूत-प्रेत ग्रसित, कुहसार=पहाड़

सिमटते सर्द दरियाओं का पानी
मुक़ाबिल फैलता इक दश्ते-फ़ानी

मैं ख़स्ताहाल मफ़रूरे-मकानी
मगर पाँवों में ज़ंजीरे-ज़मानी

न जाने कहता है किसकी कहानी
सुनेगा कौन पानी की ज़बानी

मुक़ाबिल=सामने, दस्ते-फ़ानी=नश्वरता का जंगल, ख़स्ताहाल=दुखित हृदय, मफ़रूरे-मकानी=संसार से भागा हुआ, ज़ंजीरे-ज़मानी=समय की ज़ंजीर

इधर पत्ते पलटते जा रहे हैं
उधर है छाल पेड़ों की पुरानी

मुसाफ़िर थकते–सोते जा रहे हैं
कहाँ रुकती है रस्ते की रवानी

मचलते पानियों के पैकरों में
तिरी यादों का अक्से–जावदानी

तिरी आँखों में सावन की घटाएँ
मिरी पलकों पे ख़्वाबों की गिरानी

चली आती है जो मंज़र–ब–मंज़र
बला है या अता–ए–आस्मानी

अक्से–जावदानी=अमर प्रतिबिम्ब, ख़्वाबों की गिरानी=सपनों का बोझ, मंज़र–ब–मंज़र=दृश्य में दृश्य, बला=कष्ट, अता–ए–आस्मानी=दैव प्रदत्त

उनमें से बच रहे जो, हम हैं मियाँ
सब इसी बात के ही ग़म हैं मियाँ

दुख समझ लेंगे लोग कम हैं मियाँ
जी में ऐसे ही कुछ भरम हैं मियाँ

इक धुँधलका है आँख के आगे
और रुकते हुए क़दम हैं मियाँ

ख़ौफ़ में है ख़ला की ख़ामोशी
फ़ासले अब बहुत ही कम हैं मियाँ

मर के भी छूट जाएँ कौन कहे
जाने कितने अभी जनम हैं मियाँ

क़ाबिले-ज़िक्र कोई बात नहीं
क्या कहें क्यूँ उदास हम हैं मियाँ

मसअला हल करे तो कैसे करे
इब्ने-मरियम के अपने ग़म हैं मियाँ

ख़ला=अन्तरिक्ष, क़ाबिले-ज़िक्र=उल्लेखनीय, मसअला=समस्या, इब्ने-मरियम=मरियम का बेटा अर्थात् ईसा मसीह

उम्र लम्बी तो है मगर बाबा
सारे मंज़र हैं आँख भर बाबा

ज़िन्दगी जान का ज़रर बाबा
कैसे होगी गुज़र–बसर बाबा

और आहिस्ता से गुज़र बाबा
सामने है अभी सफ़र बाबा

मंज़र=दृश्य, ज़रर=हानि, गुज़र–बसर=जीवन–यापन

तुम भी कब का फ़साना ले बैठे
अब वो दीवार है न दर बाबा

भूले बिसरे ज़माने याद आए
जाने क्यूँ तुमको देख कर बाबा

हाँ, हवेली थी इक, सुना है यहाँ
अब तो बाक़ी हैं बस खंडर बाबा

रात की आँख डबडबा आई
दास्ताँ कर न मुख़्तसर बाबा

हर तरफ़ सम्त ही का सहरा है
भाग कर जाएँगे किधर बाबा

उसको सालों से नापना कैसा
वो तो है सिर्फ़ साँस भर बाबा

हो गई रात अपने घर जाओ
क्यूँ भटकते हो दर-ब-दर बाबा

रास्ता ये कहीं नहीं जाता
आ गए तुम इधर किधर बाबा

दास्ताँ=कहानी, मुख़्तसर=संक्षिप्त, सम्त=दिशा, सहरा=निर्जन स्थान, दर-ब-दर=घर-घर

तुझ में मिट्टी की बू बोले
तेरे ख़त्ते की ख़ू बोले

मेरे चेहरे से लू बोले
हवा से जब तेरी बू बोले

मेरी तन्हाई से तेरे
ख़ालो–ख़त की ख़ुशबू बोले

ख़त्ते=भू-खंड, ख़ू=स्वभाव, ख़ालो-ख़त=त्वचा पर बनी लकीरें और तिल

तुझ से मिल कर एक ज़ुबाँ क्या
मेरा तो हर इक मू बोले

ज़िद दोनों की थी दीवारें
बोले तो पहले तू बोले

सुन के सदाएँ तन्हाई की
मेरे अन्दर का हू बोले

मेरे तो घर के भी सिर में
अब जंगल का जादू बोले

अब बाक़ी हस्रत है इतनी
बन्द ज़बाँ हो पहलू बोले

मू=रोआँ, हू=ख़ालीपन

दुख दरिया है बहता होगा
पत्ता पेड़ को तकता होगा

बंजर जंगल आबादी है
जाने क्या–क्या सोचा होगा

सौंधी खुशबू वाला पानी
तुझ से भी बतियाता होगा

बादल ने बारिश के हाथों
पेड़ों को कुछ भेजा होगा

बादल की तहरीरें पढ़कर
धरती का दिल धड़का होगा

पानी का पैकर था लेकिन
उसमें भी कुछ झलका होगा

चाँद पहाड़ों के सीने पर
बढ़ते बढ़ते घटता होगा

भागा जाए लहरों लहरों
पानी होकर प्यासा होगा

तहरीरें=लिखावटें, पैकर=बिम्ब

पाँव में दूर का सफ़र चमके
रात बस्ती में जब खंडर चमके

गर दुआ है तो फिर असर चमके
शाख़ पर एक तो समर चमके

एक आसेब है हर इक घर में
एक ही चेहरा दर-ब-दर चमके

ज़ुल्मतों की ज़मीन पर देखें
किस तरह नूर का नगर चमके

इन चमकते हुए अँधेरों में
एक तो हर्फ़े-मोतबर चमके

रोशनी हो तो रूह तक लरज़े
और अँधेरे में एक डर चमके

साहिलों की शफ़ीक़ आँखों में
धूप कपड़े उतार कर चमके

समर=गुल, आसेब=प्रेत, दर-ब-दर=घर-घर, ज़ुल्मतों=अंधकारों, हर्फ़े-मोतबर=विश्वसनीय अक्षर, शफ़ीक़=स्नेह भरी

पुरखों से जो मिली है वो दौलत भी ले न जाय
ज़ालिम हवा-ए-शह्र है इज़्ज़त भी ले न जाय

वहशत तो संगों-ख़िश्त की तरतीब ले गई
अब फ़िक्र ये है दश्त की वुसअत भी ले न जाय

पीछे पड़ा है सब के जो परछाइयों का पाप
हम से अदावतों की वो आदत भी ले न जाय

ज़ालिम=अत्याचारी, हवा-ए-शह्र=नगर की हवा, वहशत=जंगल का रहन-सहन, संगो-ख़िश्त=पत्थर और ईंट, तरतीब=क्रम, फ़िक्र=चिन्ता, दश्त=जंगल, वुसअत=विस्तार

आँगन उजड़ गया है तो ग़म उसका ता ब के
मुहतात रह कि अब के वो ये छत भी ले न जाय

बरबादियाँ समेटने का उसको शौक़ है
लेकिन वो उनके नाम प' बरकत भी ले न जाय

आदिल है उसके अद्ल पर हमको यक़ीन है
लेकिन वो ज़ुल्म सहने की हिम्मत भी ले न जाय

उन सुहबतों का ज़िक्र तो ज़िक्रे-फ़ज़ूल है
डर है कि लुत्फ़े-शुक्रो-शिकायत भी ले न जाय

ख़ुद से भी बढ़ के उस पे भरोसा न कीजिए
वो आईना है देखिए सूरत भी ले न जाय

ता ब के=कब तक, मुहतात=सचेत, शौक़=रुचि, बरकत=मंगल, आदिल=न्याय करने वाला, अद्ल=न्याय, ज़िक्रे-फ़िज़ूल=व्यर्थ का उल्लेख, लुत्फ़े-शुक्रो-शिकायत=धन्यवाद और शिकायत का आनन्द

मंज़िलें ख़्वाब और सफ़र अब तक
मिट गया दश्त रहगुज़र अब तक

है कोई साथ हमसफ़र अब तक
ख़ौफ़ के साथ है ख़तर अब तक

आईने सैकड़ों मयस्सर हैं
ख़ुद को पहचानने का डर अब तक

ख़्वाब=स्वप्न, दश्त=जंगल, रहगुज़र=रास्ता, हमसफ़र=सहयात्री, ख़तर=त्रास, मयस्सर=प्राप्य

हो चले ज़र्द सब्ज़ साये भी
बेख़बर को नहीं ख़बर तक

कितने दीवारो–दर से गुज़रा हूँ
ज़हन में है मगर शजर अब तक

याद कर कर के जाने वालों को
फोड़ते हैं किवाड़ सर अब तक

जाने किस को सदायें देता है
बिन किवाड़ों का एक दर अब तक

शाख़ को एक बार छोड़ा था
ढूँढ़ता हूँ घना शजर अब तक

ज़र्द=पीले, सब्ज़=हरे, दीवारो–दर=दीवार और दरवाज़े, ज़हन=मस्तिष्क, शजर=पेड़, सदायें=आवाज़ें, शाख़=टहनी

गए दिनों की याद–सा वो फिर कहीं से आ गया
ख़फ़ा ख़फ़ा सा आया था, ख़फ़ा ख़फ़ा चला गया

बुझा बुझा मिला मगर चिराग़ इक जला गया
गई रुतों का वो मुझे भी आईना दिखा गया

इक आख़िरी चिराग़ रहगुज़ारे–इन्तज़ार का
न जाने जी में आई क्या कि उसको भी बुझा गया

रहगुज़ारे–इन्तज़ार=प्रतीक्षा मार्ग

मैं तेरी एक एक बात याद कर के रो पड़ा
तू एक एक कर के अपनी बातें भूलता गया

उठाए बोझ उम्र का, खड़ा हूँ हाँफता हुआ
नगर नगर में कौन था जो रास्ते बिछा गया

सलीबे-सुब्ह चूमती हैं कसमसाती कोंपलें
चमन के गोशे गोशे में उदासियाँ उगा गया

रुकी रुकी-सी बारिशों के बोझ से दबीं दबीं
झुकी झुकी-सी टहनियों को आज फिर हिला गया

उदास उदास रास्तों पे शाम की ख़ामोशियाँ
किसी का हाथ छू गया, तिरा ख़याल आ गया

सलीबे-सुब्ह=सुब्ह की सलीब, गोशे-गोशे=कोने-कोने

तुम्हें भी शह्र के चौराहे पर सज़ा देंगे
तुम्हारे नाम का पत्थर कहीं लगा देंगे

कुछ और पास नहीं तो किसी को क्या देंगे
किसी ने आग लगा दी तो वो हवा देंगे

ये और बात कि वो उसकी क्या सज़ा देंगे
ज़माने वालों को हम आईना दिखा देंगे

बिछड़ते वक़्त किसी से, ये जी में सोचा था
भुलाना चाहा तो सौ तरह से भुला देंगे

किताबे–ज़ीस्त के ओराक़ जल नहीं सकते
ये माना मेज़ से तस्वीर तो हटा देंगे

कहाँ से आए हो लेकर ये ख़ाक़ ख़ाक़ बदन
'किसी ने पूछ लिया तो जवाब क्या देंगे'

उसी के साये में पलती है न ये दर्द की बेल
उजाड़ उम्र की दीवार ही गिरा देंगे

जुदाइयों के हैं जंगल में ज़ात के राही
ये वहम दिल में कि हम फ़ासले मिटा देंगे

किताबें-ज़ीस्त=जीवन रूपी पुस्तक, ओराक़=वरक़ का बहुवचन, पृष्ठ

बर्फ़ है रात, मगर यार पिघलती ही नहीं
जम गई ज़हन में ऐसी कि निकलती ही नहीं

उम्र की तर्ह से, जाए तो पलटती ही नहीं
एक ही रुख प' है वो, चाल बदलती ही नहीं

ग़ुस्ल कर जाती है चुपचाप मिरी आँखों में
राह में ख़ार उगे हैं प' अटकती ही नहीं

अब उजालों प' अँधेरों का गुमाँ होता है
रात तो राह किसी तौर भटकती ही नहीं

शाम, शमशान-सी वीरान है, जाने कब से
और समझाऊँ सहर को तो समझती ही नहीं

झील के जज़ीरे लिख
हैं सभी अकेले लिख

क़ुर्बतों के क़िस्से लिख
रेत-रेत चेहरे लिख

पानियों के सीनों पर
ख़्वाब के ख़ज़ीने लिख

जज़ीरे=द्वीप, क़ुर्बतों=सामीप्य, ख़ज़ीने=विधि

मोसिमों के मातम में
क़स्द के क़सीदे लिख

आईने के आँगन में
दफ़्न हैं दफ़ीने लिख

बादलों की बोली में
फूल हैं फ़रिश्ते लिख

धूप और उजालों को
आँख और अँधेरे लिख

शाम की सलीबों पर
सोचते सवेरे लिख

धूल-धूल धरती पर
घर के नाम घेरे लिख

ख़ुद हूँ तमाशा ख़ुद ही तमाशाइयों में हूँ
जब से सुना है मैं तिरे शैदाइयों में हूँ

गीराइयों में हूँ कभी गहराइयों में हूँ
रोज़े–अज़ल से आँखों की अँगनाइयों में हूँ

इक–इक नफ़स के साथ जला जिस के वास्ते
उसका ख़याल है कि मैं हरजाइयों में हूँ

तमाशाइयों=दर्शकों, शैदाइयों=प्रशंसकों, गीराइयों=विस्तार, रोज़े–अज़ल=प्रारम्भिक दिवस, नफ़स=साँस

ऐवाने-ख़्वाब छोड़ के निकला हूँ जब से मैं
साँसों की गूँजती हुई शहनाइयों में हूँ

अन्धे कुएँ से अन्धे कुएँ में गिरा दिया
सोचा नहीं कि मैं भी तिरे भाइयों में हूँ

फूटे है अंग अंग से तेरे मिरा ही रंग
मैं ही तो तेरी टूटती अँगड़ाइयों में हूँ

कहता है वो कि तुझ से अलग मैं कहाँ 'निज़ाम'
तन्हाइयों में था तिरी रुसवाइयों में हूँ

ऐवाने-ख़्वाब=स्वप्न-महल, तन्हाइयों=एकान्त, रुसवाइयों= बदनामियों

अब बामो-दर का सर्द बदन चाटती है धूप
ज़ीनों को पार कर के कहाँ आ गई है धूप

मुम्किन है ये कि भीड़ में 'संज्ञा' का बाप हो
इक बार ज़ोर से कहो कितनी कड़ी है धूप

सौ-सौ जतन से उसका तराशा गया बदन
क़ुव्वत मिली किसी को, किसी को मिली है धूप

ऐसे में ख़ुश्क पत्तों से उम्मीद क्या करें
क़दमों बड़े हैं साये तो मीलों बड़ी है धूप

बामो-दर=छज्जा और दरवाज़ा, क़ुव्वत=शक्ति, ख़ुश्क=शुष्क, 'संज्ञा': सूर्य की पत्नी, विश्वकर्मा की पुत्री, जो सूर्य का तेज सहन न कर सकी। उसी की प्रार्थना पर विश्वकर्मा ने सूर्य को तराशा और तराशने में जो किरणें सर पड़ी थीं उससे सुदर्शनचक्र आदि आयुध बने।

अब तो किसी को आरज़ू-ए-बालो-पर नहीं
फिर किस के पर जलाने को पर तोलती है धूप

माही के ख़ार से वो उलझता है रात भर
आफ़ाक़ के क़रीब पड़ी केंचुली है धूप

बस्ती में आ के ताब दिखाए तो क्या हुआ
जंगल में जुगनुओं का बदन चाटती है धूप

दरवाज़े सारे शह्र के अन्दर से बन्द हैं
अब के अजीब लोगों के पाले पड़ी है धूप

आरज़ू-ए-बालो-पर=बाल और पंख की इच्छा, ख़ार=मछली का काँटा, एक विश्वास के अनुसार पृथ्वी मछली के काँटे पर टिकी हुई है। आफ़ाक़=क्षितिजों

कहता है अपने आप को जो पैकरे-वफ़ा
लम्हों के आईने में कभी ख़ुद को देखता

क्या बात है कि शह्र में तेरे हरेक शख़्स
फिरता है अपने आप ही से भागता हुआ

ख़ामोश तुम भी और मिरे होंठ भी थे बन्द
फिर इतनी देर कौन था जो बोलता रहा

ख़ामोशियों के कोह को काटूँगा किस तरह
इस बार मेरे पास नहीं तेश-ए-सदा

लम्हों=पलों, कोह=पहाड़, तेश-ए-सदा=आवाज़ का तेशा

आज वो भी घर से बेघर हो गया
एक सहरा था समुन्दर हो गया

पानियों में अक्स अपने देखता
कल का पापी अब पयम्बर हो गया

मैं रहा चमगादड़ों के ग़ोल में
और वो जँगली कबूतर हो गया

अपनी परछाईं के पीछे दौड़ता
वो घने जंगल से बाहर हो गया

कनखजूरे के क़दम बढ़ने लगे
ज़र्रा-ज़र्रा जब मुख़द्दर हो गया

उससे मिलना मारके से कम न था
चलिए ये भी मारका सर हो गया

अक्स=प्रतिबिम्ब, ग़ोल=झुंड, ज़र्रा-ज़र्रा=कण-कण, मुख़द्दर=स्तब्ध, मारके=युद्ध, मारका सर हो गया=युद्ध निपट गया

थे वहमों के कुछ, कुछ गुमानों के थे
सभी अपने अपने ठिकानों के थे

खुली आँख तो सामने कुछ न था
वो मंज़र तो सारे उड़ानों के थे

उन्हें ढूँढ़ने तुम कहाँ चल दिए
वो किरदार तो दास्तानों के थे

पकड़ना उन्हें कुछ ज़रूरी न था
परिन्दे सभी आशियानों के थे

पत्थरों की नदी बह गई शह्र में
जाने कैसी हवा फिर चली शह्र में

दोनों अत्राफ़ के लोग ज़ख़्मी हुए
पत्थरों की कहाँ थी कमी शह्र में

सौ बरस के जहाँ ज़हने-अत्फ़ाल हैं
रहते हैं दोस्तो हम उसी शह्र में

पीर से शम्बा तक दोस्ती की हदें
बन गया क्या से क्या आदमी शह्र में

इंक़िलाबात के सरग़ना बन गए
चाय की मेज़ के फ़ल्सफ़ी शह्र में

मुख़्तलिफ़ रंगों-बू के हैं कपड़े मगर
जिस्म की बास है एक सी शह्र में

क़तरा क़तरा गिरी रात आकाश से
लम्हा लम्हा बिखरती गई शह्र में

अत्राफ़=दोनों तरफ़ के, ज़हने-अत्फ़ाल=बालकों का मस्तिष्क, पीर=सोमवार, शम्बा=शनिवार, सरग़ना=सरदार, फ़ल्सफ़ी=दार्शनिक, मुख़्तलिफ़=विभिन्न, रंगों-बू=रंग और बू, क़तरा-क़तरा=बूँद-बूँद, लम्हा-लम्हा=पल पल

अक्स ने आईने का घर छोड़ा
एक सौदा था जिसने सिर छोड़ा

भागते मंज़रों ने आँखों में
जिस्म को सिर्फ़ आँख भर छोड़ा

हर तरफ़ रोशनी-सी फैल गई
साँप ने जब कभी खंडर छोड़ा

धूल उड़ती है धूप बैठी है
ओस ने आँसुओं का घर छोड़ा

खिड़कियाँ पीटती हैं सिर शब भर
आख़िरी फ़र्द ने भी घर छोड़ा

क्या करोगे 'निज़ाम' रातों में
ज़ख़्म की याद ने अगर छोड़ा

अक्स=बिम्ब, सौदा=उन्माद, मंज़रों=दृश्यों, जिस्म=शरीर, शब=रात, फ़र्द=व्यक्ति

इक साँय साँय घेरे है गिरते मकान को
और आँखें ताक़ती हैं चमकती चट्टान को

चढ़ते ही मेरे, हो गई दीवार से अलग
हसरत से देखता हूँ उसी निर्दबान को

अंदेशे दूर दूर के, नज़दीक का सफ़र
किश्ती को देखता हूँ कभी बादबान को

ज़िन्दाने-रोज़ो-शब में है हम सबको उम्र क़ैद
कोई बचाए आ के मिरे ख़ानदान को

यादों के शोरो-ग़ुल में खड़ी घर की ख़ामुशी
आवाज़ दे रही है किसी महबान को

बरसों से घूमता है इसी तरह रात दिन
लेकिन ज़मीन मिलती नहीं आस्मान को

निर्दबान=सीढ़ी, अंदेशे=शंकाएँ, बादबान=पोत, पट, ज़िन्दाने-रोज़ो शब=रात-दिन का बन्दीगृह

किसी के साथ अब साया नहीं है
कोई भी आदमी पूरा नहीं है

मिरे अन्दर जो अंदेशा नहीं है
तो क्या मेरा कोई अपना नहीं है

कोई पत्ता कहीं पर्दा नहीं है
तो क्या अब दश्त में दरिया नहीं है

अंदेशा=आशंका, दश्त=जंगल

तो क्या अब कुछ भी दरपर्दा नहीं है
ये जंगल है तो क्यूँ ख़तरा नहीं है

कहाँ जाती हैं बारिश की दुआएँ
शजर पर एक भी पत्ता नहीं है

दरख़्तों पर सभी फल हैं सलामत
परिन्दा क्यूँ कोई ठहरा नहीं है

खिला है फूल हर गमले में लेकिन
कोई चेहरा तरो-ताज़ा नहीं है

धुआँ ही है फ़क़त गाड़ी के पीछे
यहाँ क्या एक भी बच्चा नहीं है

समझना है तो दीवारों से समझो
हमारे शह्‌र में क्या क्या नहीं है

दरपर्दा=पर्दे में, शजर=पेड़

नीम ने नींद चुराई लेकिन बरगद से बेज़ारी है
ऊँचे नीचे रस्तों पर पीपल की पहरेदारी है

कुहसारों की कोख से रस्ते जो शह्रों तक जाते हैं
वो खो जाते हैं नद्दी में, क्या समझे, बेचारी है

दिन में क़िस्से कहने से मामू गुमराह नहीं होंगे
ऊबड़ खाबड़ राह नहीं अब सड़कों में हमवारी है

चौखट से चूड़े का रिश्ता क्या है, जिनको याद नहीं
वो क्या जाने चुनरी का इक इक नुक़्ता चिंगारी है

कुहसारों=पहाड़ों, नुक़्ता=बिन्दी

आज हर सम्त भागते हैं लोग
गोया चौराहा हो गए हैं लोग

हर तरफ़ से मुड़े-तुड़े हैं लोग
जाने कैसे टिके हुए हैं लोग

अपनी पहचान भीड़ में खो कर
ख़ुद को कमरों में ढूँढ़ते हैं लोग

सम्त=दिशा, तरफ़

बंद रह रह के अपने कमरों में
टेबिलों पर खुले खुले हैं लोग

ले के बारूद का बदन यारो!
आग लेने निकल पड़े हैं लोग

हर तरफ़ इक धुआँ-सा उठता है
आज कितने बुझे-बुझे हैं लोग

रेस्तॉरानों की शक्ल कह देगी
और क्या सोचते रहे हैं लोग

रास्ते किस के पाँव से उलझे
खूँटियों पर टँगे हुए हैं लोग

ग़म की नदी में उम्र का पानी ठहरा ठहरा लगता है
ये फ़िक़रा झूठा है लेकिन कितना सच्चा लगता है

जीत के जज़्बे ने क्या जाने कैसा रिश्ता जोड़ दिया
जानी दुश्मन भी मुझको अब मेरा अपना लगता है

'पापा' 'पापा' कह कर मेरे पास नहीं आया कोई
आज नहीं है वो, तो घर भी सहमा सहमा लगता है

चार पलों या चार दिनों में होगा वो महदूद मगर
उम्र के घर में ज़ीस्त का आँगन फैला फैला लगता है

इस बस्ती की बात न पूछो इस बस्ती का क़ातिल भी
सीधा-सादा, भोला-भाला, प्यारा प्यारा लगता है

दरवाज़े तक छोड़ने मुझ को आज नहीं आया कोई
बस, इतनी-सी बात है लेकिन जाने कैसा लगता है

फ़िक़रा=वाक्य, जज़्बे=भावना, महदूद=सीमित, ज़ीस्त=जीवन

पहले ज़मीन बाँटी थी फिर घर भी बँट गया
इन्सान अपने आप में कितना सिमट गया

अब क्या हुआ कि ख़ुद को मैं पहचानता नहीं
मुद्दत हुई कि रिश्ते का कुहरा भी छँट गया

हम मुंतजिर थे शाम से सूरज के दोस्तो
लेकिन वो आया सर पे तो क़द अपना घट गया

गाँवों को छोड़ कर तो चले आए शह्र में
जाएँ किधर कि शह्र से भी जी उचट गया

किससे पनाह माँगें, कहाँ जाएँ, क्या करें
फिर आफ़ताब रात का घूँघट उलट गया

सैलाबे-नूर में जो रहा मुझ से दूर दूर
वो शख़्स फिर अँधेरे में मुझसे लिपट गया

मुंतज़िर=प्रतीक्षित, पनाह=शरण, आफ़ताब=सूरज, सैलाबे-नूर=प्रकाश का तूफ़ान

तेरा पता बताता है
एक हवा का झोंका है

फिर उसने ख़त भेजा है
शायद अब के तन्हा है

सबकी प्यास बुझाता है
पानी होकर प्यासा है

कमरे से डर लगता है
उसमें इक आईना है

उस के घर का दरवाज़ा
चौराहे पर खुलता है

शाम हुई घर लौट गया
सुब्ह का ही तो भूला है

ख़ामोशी थी सड़कों पर
गलियों में हंगामा है

तो आँखों से अश्कों की बरसात होगी
अगर ज़िन्दगी से मुलाक़ात होगी

मैं बहती नदी हूँ तू वादी का सीना
ख़ुदा जाने फिर कब मुलाक़ात होगी

मुसाफ़िर हैं लेकिन नहीं कोई मंज़िल
जहाँ दिन ढलेगा वहीं रात होगी

सरे-शाम ही दिल घुमड़ने लगा है
लगे है कि इस रात बरसात होगी

दरख़्तों के दामन से उलझेंगी किरनें
कहीं दिन उगेगा कहीं रात होगी

ज़मीं जब ज़माने सभी खा चुकेगी
परिन्दों की आवाज़ सौग़ात होगी

जहाँ साँस टूटेगी अपनी वहीं से
नए इक सफ़र की शुरूआत होगी

भूला बिसरा कोई लम्हा
अब भी याद आता तो होगा

आईने के सामने उसका
चेहरा धुँधलाया तो होगा

धूप में जलते बामो–दर को
हस्रत से तकता तो होगा

पहली बारिश के बादल ने
ख़त उसको लिक्खा तो होगा

बादल की तहरीरें पढ़ कर
दिल उसका धड़का तो होगा

ख़ुद अपने से छिप कर उस ने
मुझ को भी सोचा तो होगा

महफ़िल महफ़िल बैठने वाला
घर जा कर रोता तो होगा

छोटे छोटे से वक़्फ़ों में
अपना मुँह धोता तो होगा

भेजा नहीं ये सच है लेकिन
उस ने ख़त लिक्खा तो होगा

लम्हा=पल, बामो–दर=दरवाज़ा और छज्जा, हस्रत = पश्चाताप, वक़्फ़ों=वक़्फ़ का बहुवचन, अन्तराल

आरज़ू थी एक दिन तुझ से मिलूँ
मिल गया तो सोचता हूँ क्या कहूँ

घर में गहराती ख़ला है क्या कहूँ
हर तरफ़ दीवारो-दर हैं क्या करूँ

जिस्म तू भी और मैं भी जिस्म हूँ
किस तरह फिर तेरा पैराहन बनूँ

ख़ला=शून्य, दीवारो-दर=दीवार और दरवाज़ा, पैराहन=परिधान

रास्ता कोई कहीं मिलता नहीं
जिस्म में जन्मों से अपने क़ैद हूँ

थी घुटन पहले भी पर ऐसी न थी
जी में आता है कि खिड़की खोल दूँ

ख़ुदकुशी के सैकड़ों अंदाज़ हैं
आरज़ू का ही न दामन थाम लूँ

साअतें सनअतगरी करने लगीं
हर तरफ़ है याद का गहरा फ़ुसूँ

साअतें=क्षण, सनअतगरी=मीनाकारी, फ़ुसूँ=जादू

जहाँ कल था वहीं फिर आ गया हूँ
मगर सदियों तलक चलता रहा हूँ

मिरा घर इल्म का मरकज़ था लेकिन
जहालत के अँधेरे में पला हूँ

जहाँ वालो! मुझे यूँ मत मिटाओ
किसी का मैं भी हर्फ़े-मुद्दआ हूँ

मरकज़=केन्द्र, जहालत=अज्ञान, हर्फ़े-मुद्दआ=अभीष्ट शब्द

नहीं पहचानने का ये सबब है
तिरी आँखों से ख़ुद को देखता हूँ

मज़ारों की बुतों की आड़ लेकर
मैं अपने आप को पूजा किया हूँ

तिरा रुतबा नहीं तेरे ही दम से
तिरे जल्वों में, मैं भी रूनुमा हूँ

नगर ने कर दिया मस्सूम मुझ को
वगरना मैं तो जंगल की हवा हूँ

रूनुमा=प्रकट, मस्सूम=विषैला, वगरना=वरना

वो रास्ते में जो अक्सर दिखाई देता है
है एक फूल 'प' नश्तर दिखाई देता है

ख़ुलूसो-मेह्‌र का पैकर दिखाई देता है
वो एक शख़्स जो पत्थर दिखाई देता है

लहद की ख़ाक प' सोया हूँ तो तअज्जुब क्या
थके हुए को तो बिस्तर दिखाई देता है

तू ही बता दे कि जाऊँ तो फिर कहाँ जाऊँ
ख़ुदा के बाद तिरा घर दिखाई देता है

ख़ुलूसो-मेहर=निश्छलता और कृपा, पैकर=मूर्त्त रूप, लहद=समाधि, क़ब्र, तअज्जुब=आश्चर्य

अब तो किसी को उसकी ज़रूरत नहीं रही
मतरूक हो चुका है यहाँ लफ़्ज़े-'जिन्दगी'

अब याद भी नहीं है कि देखा था ख़्वाब क्या
उस के ख़याल से मगर आती है झुरझुरी

ऐ ज़ोके-इंकसार! कोई और मश्ग़ला
कहने लगे हैं लोग शराफ़त को बुज़दिली

मेरे लिए जो कुछ भी तू कहता है ठीक है
अपना भी तज्ज़िया तो किया कर कभी कभी

फिर कोई घर जलेगा बुझा दो हर इक चिराग़
अब तो ज़रा भी अच्छी नहीं लगती रोशनी

तूफ़ाने-दर्दो-ग़म से न गुल हो सकी मगर
शम्अे-हयात साँस के झोंके से बुझ गई

मतरूक=जिसका प्रयोग वर्जित हो, ज़ोके-इंकसार=विनम्रता की अभिरुचि, तज्ज़िया=विश्लेषण, तूफ़ाने-दर्दो-ग़म=कष्ट और दुख का तूफ़ान, शम्अे-हयात=जीवन दीप

शुक्रिया यूँ अदा करता है गिला हो जैसे
उसका अंदाज़े-बयाँ सब से ज़ुदा हो जैसे

यूँ हरेक शख़्स को हस्रत से तका करता हूँ
मेरी पहचान का कोई न रहा हो जैसे

ज़िन्दगी हम से भी मिलने को मिली है लेकिन
राह चलते हुए साइल की दुआ हो जैसे

अंदाजे-बयाँ=वर्णन शैली, साइल=फ़क़ीर, भिक्षुक, दुआ=आशीष

यूँ हरिक शख़्स सरासीमा नज़र आता है
हर मकाँ शह्र का आसेबज़दा हो जैसे

लोग हाथों की लकीरें यूँ पढ़ा करते हैं
इनका हर हर्फ़ इन्होंने ही लिखा हो जैसे

वास्ता देता है वो शोख़ खुदा का हमको
उसके भी दिल में अभी खौफ़े-ख़ुदा हो जैसे

इस तरह जीते हैं इस दौर में डरते डरते
ज़िन्दगी करना भी अब एक ख़ता हो जैसे

सरासीमा=उद्विग्न, आसेबज़दा=भूत-प्रेत ग्रसित, ख़ौफ़े-ख़ुदा=ईश्वर का डर

जा रहे हो तो सोच कर जाओ
तुम भी मेरी तरह न डर जाओ

सिरफिरी आँधियाँ हैं राहों में
तुम भी ऐसा न हो बिखर जाओ

कुछ न देखोगे मुड़ के देखा तो
याद रखना अगर उधर जाओ

ख़ामुशी का ही बोलबाला है
तुम इधर जाओ या उधर जाओ

आग का इम्तिहान सर प' है
मुस्कुराते हुए गुज़र जाओ

क्यों भटकते हो रास्ते में 'निज़ाम'
ढल गई रात अपने घर जाओ

मंज़र को किसी तरह बदलने की दुआ दे
दे रात की ठंडक को पिघलने की दुआ दे

ऐ साअ़ते-वीरान के बेख़्वाब फ़रिश्ते!
अब चीख़ को सीने से निकलने की दुआ दे

पत्ते को परिन्दों की पनाहों प' लगा दे
पेड़ों को यहाँ फूलने फलने की दुआ दे

मंज़र=दृश्य, साअते-वीरान=ख़ाली पल, बेख़्वाब-फरिश्ते=वह फरिश्ता जिसे नींद न आए, एक विश्वास के अनुसार सोच-समझकर बोलना चाहिए क्योंकि फ़रिश्ते हर समय तथास्तु कहते रहते हैं।

पढ़ ऐसा वज़ीफ़ा कि ये कुहसार न उजड़ें
चश्मों को पहाड़ों से उबलने की दुआ दे

अब तोड़ तकानों के तकल्लुफ़ से तअल्लुक़
पज़मुर्दा तबीअ़त को फिसलने की दुआ दे

आफ़ाक़ की दीवारों की आग़ोश को वा कर
अब मत्ल–ए–मोहूम को खुलने की दुआ दे

हम भूल ही जाएँ न कहीं शक्ल सहर की
अब शब को किसी तौर से ढलने की दुआ दे

वज़ीफ़ा = कामना–सिद्धि के लिए मन्त्रादि पढ़ना, कुहसार = पहाड़, तकानों = थकानों, तकल्लुफ़ = औपचारिकता, तअल्लुक़ = सम्बन्ध, पज़मुर्दा = निढाल, आफ़ाक़ = क्षितिजों, वा = खोलना, मत्ल–ए–मोहूम = पारिभाषिक अर्थों में आकाश

نظم

नज़्म

समुन्दर–1

मुन्तशिर होकर भी,
तुम!
कितने मुनज़्ज़म?
मलगजी माहौल में,
कितने मुनव्वर?
मुख़्तलिफ़ सम्तों में चलते
अपनी जानिब–
मुज़्तरिब, रक़्साँ, रवाँ
तुम!
फिर भी जामिद?

करते जाते
आप अपने से
तसादुम
इक तलातुम–
–और इक अज़ली तरन्नुम...

मुन्तशिर=उद्विग्न, अस्त-व्यस्त, मुनज़्ज़म=संघटित, मुनव्वर=दीप्त, मुख़्तलिफ़=विभिन्न, सम्तों=दिशाओं जानिब=ओर, मुज़्तरिब=बेचैन, रक़्साँ=नृत्य करते हुए, रवाँ=प्रवाहित, जामिद=जड़, तसादुम=संघर्ष, तलातुम=प्रचंड लहरें, अज़ली तरन्नुम=आदि संगीत

समुन्दर–2

समुन्दर!

तुम किसे आवाज़ देते,
साहिलों की सम्त भागे जा रहे हो?

क्या तुम्हारा कोई अपना है,
जिसे तुम ढूँढ़ते हो?
या कोई तुम से बिछड़ कर
सीपियों की कोख के रस्ते से
–साहिल पार–

दुनिया में पड़ा
आवाज़ देता है तुम्हीं को?

क्या तुम्हारा ख़्वाब कोई खो गया है?
या कोई पलकों से
अनजाने छिटक कर
गिर पड़ा है
दूर...
जिसको

फिर से पीने की तमन्ना में

तुम अपने हाथ फैलाए हुए
दिन रात–
साहिल की तरफ़ यूँ भागते हो?

क्या?
तुम्हें भी याद अब आता नहीं है?
भूलना तो याद है तुमको
मगर
क्या भूल बैठे हो

तुम्हें ये याद ही आता नहीं है?

सच बताओ!
तुम समुन्दर हो!
तुम्हें इतना तो अब तक याद है न?
या
इसे भी भूल बैठे हो?
कहो!

गर तुम्हें ये याद है कि
तुम
समुन्दर हो!
ये तुम्हारी मौज है कि
तुम जिसे चाहो भुला दो
फिर कभी न याद करने?

तो तुम्हें
ये भी तो हक़ है

साहिलों=किनारों, सम्त=ओर

तुम समुन्दर हो
इसे भी भूल जाओ

भूल सकने की तुम्हें तौफ़ीक़ है न?

फिर
किसे आवाज़ देते,
साहिलों की सम्त भागे जा रहे हो–

तौफ़ीक़=सामर्थ्य

समुन्दर-3

समुन्दर!
किसलिए?
इतनी सलाबत
जान पर अपनी किए जाते हो-
                                        सदियों से?
वो, आख़िर कौन-सी,
सुल्बी-सऊबत है?
जो तुमको
बाँधती है-
                        पेच अन्दर पेच
सत्हे-माइल की सलासिल में

उठा कर हाथ,
                        शब को
उलझनों से क्यूँ उलझते हो?

क्या तुम्हारी भी कोई अज़ली ख़ता है?
या तुम्हें अपने गुनाहे-अस्ल की यादे-शदीद
लम्हा लम्हा करती रहती है कशीद

सलाबत=कठोरता, सुल्बी-सऊबत=वंशानुगत कष्ट, पेच-अन्दर-पेच=बहुत अधिक जटिल, सत्हे-माइल=वक्रतल, सलासिल=शृंखला, शब=निशा, अज़ली ख़ता=आदि अपराध, गुनाहे-अस्ल=मूल अपराध, यादे-शदीद=अधिक तीव्र याद, लम्हा-लम्हा=पल-पल, कशीद=खींचना, जैसे : मयकशीद=शराब खींचना, निकालना

कौन है वो?
जिस का अहसासे जुदाई,
इस तरह–
मजबूर करता है तुम्हें
जुल्म करने
आप अपनी ज़ात पर ही?

तो–
तुम्हें पूरा यक़ीं है
कि तुम्हारा निस्फ़

जो तुम में नहीं है
बिना तुम्हारे पुरसुकूँ है?

बहुत मुम्किन है,
कि वो भी ज़र्रा ज़र्रा
क़तरा क़तरा

फैलता हो
तुम–सा ही
मंज़र–ब–मंज़र
दर्द बन कर
उसको भी यादे–दरीदा
करती जाती हो,
तुम्हीं–सा
पारा पारा
हाँ, नहीं मुम्किन प' नामुम्किन भी तो ऐसा नहीं न?

जुदाई = वियोग की संवेदना, ज़ात = व्यक्तित्व, निस्फ़ = अर्द्ध, ज़र्रा–ज़र्रा = कण–कण, क़तरा–क़तरा = बूँद–बूँद, मंजर–ब–मंजर = दृश्य में दृश्य, यादे–दरीदा = फटी हुई स्मृति, पारा–पारा = टुकड़ा–टुकड़ा, मुम्मिन = संभव, नामुम्किन = असम्भव

जिस तरह है
वो तुम्हारा निस्फ़
ठीक वैसे ही नहीं क्या
तुम भी उस के निस्फ़,
सोचो–
बिन तुम्हारे वो भी तो पूरा कहाँ है?

तो
जिसे
अज़ली–ख़ता का इस्म दे कर
और गुनाहे–अस्ल से ताबीर करते हो
या
जो जुदाई ज़िन्दगी के नाम से तुम जी रहे हो
ये भी तो मुम्किन है–
वो ऐसे ही तुमको ढूँढ़ता हो–
जी रहा हो!

फिर–
क्या नहीं मुम्किन है ये भी
कि जो अब तुम इस्म दो हो
निस्फ़ हो दो
कल जो कुल थे
अपनी अपनी क़ुव्वतें ही खो चुके हों
रो चुके हों
सो चुके हों
ये भी तो मुम्किन ही है न?

निस्फ़ = आधा, इस्म = संज्ञा, गुनाहे–अस्ल = मूल अपराध, ताबीर = बताना, कुल = पूरे, क़ुव्वतें = शक्तियाँ

फिर,
समुन्दर
किसलिए?
इतनी सलाबत,
सत्हे-माइल की सलासिल में
जकड़ कर
झेलते हो
क्यूँ अज़ीय्यत
पेच-अन्दर-पेच

अज़ीय्यत=कष्ट

बयाज़ें खो गई हैं

बयाज़ें
जिनमें
अनदेखे परिन्दों के
पते लिक्खे–

बयाजें!
जिनमें–
हमने, फूलों की
सरगोशियाँ लिक्खीं
पहाड़ों के रमूज़ और
आबशारों की ज़ुबाँ लिक्खी

बयाजें!
जिनके सीने में
समुन्दर और सूरज की अदावत के थे अफ़साने
परिन्दे और पेड़ों के
रक़म थे
बाहमी रिश्ते

हमारे इर्तिक़ा की उलझनें
जिनसे मुनव्वर थीं

बयाज़ें खो गई हैं!

अब लुग़त हम से परीशाँ है!!

बयाज़ें = बयाज़ का बहुवचन, डायरी या कविता की कापी जो हस्तलिखित हो, सरगोशियाँ = कानाफूसी, रमूज़ = रम्ज़ का बहुवचन, रहस्य, आबशारों = आबशार का बहुवचन, झरना, रक़म = लिखित, बाहमी रिश्ते = आपसी सम्बन्ध, इर्तिक़ा = विकास, मुनव्वर = दीप्त, लुग़त = शब्दकोष

तुम

तुम!
किसी होनी की सूरत–

साँस को सरगम बनाती–
जिस्म के हर एक मू से,
कौंधती,
सिहरन जगाती–

झील की लहरों प' जैसे
डोलता, ताज़ा कँवल–
धुन्ध की गहरी गुफा में,
सीन–ए–नाक़ूस से
उठता धुआँ
या
किसी गहरे कुएँ में
झरते पानी की सदा

तुम!
किसी वादी का रस्ता
चोटियों को, चूमने को–
मुज़्तरिब–सा–

मू=रूआँ, सीन–ए–नाक़ूस=शंख के सीने से, मुज़्तरिब=बेचैन

तुम!
अज़ल से ता अबद
फैली फ़ज़ा

कुछ नहीं होकर भी
सब कुछ
मुझको मेरे होने का
अहसास देती
लम्स को आकार देती
कौन?

अज़ल से ता अबद=आदि से अन्त तक, लम्स=स्पर्श

ज़मीन और नाव

बन चुकी थी
नाव
लोग सारे
चढ़ चुके थे
इक-इक जोड़ा
(सभी का)
आ चुका था

सायबाने-शब
सरों पर छा चुका था
दम-ब-ख़ुद था
नाव पर जो भी चढ़ा था
क्या पता,
क्या होने वाला था ज़मीं पर

सायबाने-साइक़ा-
चीख़ता चिंघाड़ता माहौल सारा
दम-ब-ख़ुद है
नाव का हर एक वासी!
जाने क्या है नाव पर अब होने वाला!

सायबाने-शब=रात का सायबान, दम-ब-ख़ुद=स्तब्ध, सायबाने-साइक़ा=आकाश तड़ित का सायबान अर्थात् साया करनेवाला कपड़ा, माहौल=वातावरण

ये हमारी इन्तिहा

अब हमारे दर्मियाँ कोई नहीं है।

न कोई आगे हमारे
न कोई पीछे खड़ा है
सिर्फ़ हम हैं
—दो 'मैं'
तख़्लिये का
तीर-ओ-तारीक
इक तिलिस्म-
घेरे है हमको

रास्ते मस्दूद सारे
सारी सम्तें मुंजमिद हैं

ये हमारी इन्तिहा है!

दर्मियाँ=बीच, तख़्लिये=एकान्त, तीर-ओ-तारीक=अंधकारमय, तिलिस्म=जादू, मस्दूद=अवरुद्ध, सम्तें=दिशाएँ, मुंजमिद=जमी हुई, इन्तिहा=पराकाष्ठा

दीवार

पेड़ों की
नंगी शाख़ों से
डर लगता है!
दालानों में,
दहलीज़ों पर
दम घुटता है!
गिर पड़ने के डर से
नीचे कम झुकता है!
पंखा सर पर गिर जाने का नाहक़ ख़ौफ़ लगा रहता है...
मैदानों में आस्मान के गिरने का ख़दशा रहता है...
बैठे-बैठे चल पड़ता है!
चलते चलते
रुक जाता
है!
सब से
ख़ौफ़ज़दा रहता है!!
लेकिन
एक फुदकती चिड़िया को अक्सर तकता रहता है...
घर घर में
उसका चर्चा है!

नाहक़=अकारण, ख़ौफ़=भय, ख़दशा=शंका, ख़ौफ़ज़दा=भयभीत

चाँद-सा प्यार

जाने, कितने लम्हे बीते-
जाने, कितने साल हुए हैं-
तुम से बिछड़े!

जाने कितने-
समझौतों के दाग़ लगे हैं
रूह प' मेरी!

जाने क्या-क्या सोचा मैंने
खोया, पाया
खोया मैंने
ज़ख़्मों के जंगल पर लेकिन
आज-
अभी तक हरियाली है।

तुमने
ठीक कहा था
उस दिन-
'प्यार-चाँद-सा ही होता है
और नहीं बढ़ने पाता तो
धीरे-धीरे
ख़ुद ही
घटने लग जाता है!'

मगर

बहुत बार
बरगद की शाख़ें हिली हैं,
कई बार
पीपल के पत्ते झड़े हैं
कई बार
आँगन की बिनब्याही तुलसी
यूँ ही बैठे बैठे कहीं चल पड़ी है
कई बार
        बर्तन हिले हैं
                बजे हैं!
कई बार
काँटों प' शबनम के क़तरे
                लरज़ते लरज़ते
        ज़मीं पर गिरे हैं!

कई बार ऐसा तो होता रहा है
बहुत बार ऐसा ही होता रहा है
                मगर...
                इस दफ़ा रंग ही दूसरा है!!

अंधा कुआँ

आमदो–रफ़्त की आवाज़ में
            क्या छुपा है
                        सुना है?
ठिठकती हुई घंटियों की सदाएँ
मुसलसल सदाएँ
            सुनी हैं?
समझने की ख़ातिर
कभी डोल–
तुमने भी
पानी के सीने प' फेंका है 'थप' से
चर्ख़ी की आवाज़ में क्या छिपा है?
                                    सुना है?

मिरा बारहा एक ऐसे परिन्दे से पाला पड़ा है
जो पिछले दिनों से
कुएँ में पड़ा है

उसी ने कहा है
'सफ़र सिलसिला है'...
वो इक हल्क़-ए-नूर को खोजता है
कुएँ में सदा है!!

आमदो–रफ़्त=आगमन, मुसलसल=निरन्तर, बारहा=प्राय:, हल्क़–ए–नूर=प्रकाश–वृत्त

कर्ब

मैं–
हज़ार आँखों से
उसको देखता हूँ!
वो–
हज़ार हाथों से
मुझको
थामती है!

हम,
हज़ारों कानों सुनवाए गए हैं!
अब हज़ारों होंठों पर फैले हुए हैं...
दीखने से
ज़्यादा दिखलाए गए हैं–
और सुनवाए गए हैं
और फैलाए गए हैं।
...
हम अभी तक अनछुए हैं

कर्ब=दुख

इज़्हार और अंजाम

रात–काली रात
दो, पहाड़ों जैसे पर में मुँह छिपाए
जाने क्या कुछ सोचती है
चौंकती है
अपने पर को नोचती है
सर्द साये सर खुजाते
उसकी जानिब
देखते हैं
साँस रोके सम्त, रस्ते चुप खड़े हैं
होनी अनहोनी का अंदेशा कहीं से
धीरे–धीरे
रेंगता है
फ़ाख़्ता का एक बच्चा
घोंसले में
खोलता है, चोंच–
इस उम्मीद में कि
अब तो शायद
बोलना उसको मुकम्मल आ गया है

पर खुजाती रात–
थक कर सो गई है

फ़ाख़्ता का एक बच्चा
राह में औंधा पड़ा है।

इज़्हार और अंजाम=अभिव्यक्ति और इति, जानिब=ओर, सम्त=दिशा, मुकम्मल=पूरा

दायरा-दर-दायरा

मुझको हल्क़े में लिये जाती है
ख़ौफ़ की ख़ुशबू
या किसी ख़ुशबू का ख़ौफ़
हर तरफ़ बिखरी हुई
शज़र-सतर
 काटती-
इक दूसरे को
जिस जगह
मैं सरासीमा खड़ा हूँ
छेदती
सूरज सतर
भेदती है
इक सहाबी सतर
कितनी सतरों का अमल
हो चुका, या
हो रहा है
क्या ख़बर

सतर को देखा है, सोचा
दायरे में
अब सतर के दायरे में
छटपटाता
दायरा-दर-दायरा मैं

हल्क़े=घेरे, शजर-सतर=पेड़ों की पंक्ति, सरासीमा=उद्विग्न, सहाबी सतर=बादलों की लकीर, अमल=क्रिया, दायरे=वृत्त

अबजद

[अलफ़]

दीदा
नादीदा
एक लम्हा
तुम

[बे]

आब-बर-आब
मौज-दर-मौज
शिनाख़्त

[जीम]

थमूँगा
मथूँगा
तुम्हें
पाने पहचान

[दाल]

तुम्हें मालूम है
तुम्हारा ओर
तुम्हारा छोर
या
तुम भी
यूँ ही
घुमड़ते हो

अबजद=वर्णमाला, दीदा=देखा हुआ, नादीदा=अनदेखा, लम्हा=पल, आब-बर-आब=पानी में पानी, मौज-दर-मौज=लहर पर में लहर, शिनाख़्त=पहचान

मंज़र

शब-ब-शब
गिरते हुए
ख़ुश्क ख़्वाबों का
बड़ा-सा ढेर
बिखरता है
ख़्वाब...
ख़्वाब...

मश्वरा

बहुत पुरानी
हमारे रिश्तों की सब क़बाएँ
जगह जगह से
इसीलिए सब मसक रही हैं
उतारें इनको?
पुराने कपड़ों के गंदे गट्ठर में
बन्द कर दें
कभी कोई–
सब फटे पुराने हमारे कपड़े
ख़रीद लेगा
और इनके बदले
चमकता-सा कुछ थमाए शायद...

क़बाएँ=क़बा का बहुवचन, वस्त्रों

बन्द

बन्द अब होने को है दिन का दरीचा
बस अभी
इक साँय...साँय...
शह्‌र में–
            करने लगेगी गर्दिशें!
धीरे–धीरे
शह्‌र सारा
रक़्सगह बन जाएगा!
दूर से
            [रोते हुए]
कुत्तों की आवाज़ों के सम पर
घुप्प अँधेरा
            ज़ीना...ज़ीना...
                        हाथ फैलाए हुए
                                    [????]
रक़्सगह के सहन में दर आएगा
तालियाँ पीटेंगे पत्ते!
बिल्लियाँ पंजों को–पोंछेंगी जुबाँ से
नालियों की धमनियों में
                        कुलबुलाता [?]
शह्‌र का आबे–रवाँ
            रुकने लगेगा!

दरीचा = झरोखा, रक़्सगह = नृत्यगृह, आबे–रवाँ = प्रवाहित जल

दाख़िलो-ख़ारिज

जाने कितने जन्मों के जज़ीरे
अभी हमारे आगे हैं
क्या यूँ ही अंधे-अक़ीदे हर बार
इस्तक़बाल को सामने आएँगे
हमें भी शायद तब तक
सुकून का इन्तज़ार करना पड़ेगा
जब तक
हमारे अन्दर का कुहरा
बाहर के सन्नाटे में
घुल-मिल नहीं जाता

दाख़िलो-ख़ारिज = बाह्य और अन्तर, जज़ीरे = द्वीप, अंधे-अक़ीदे = अंधी आस्थाएँ, इस्तक़बाल = स्वागत, सुकून = शान्ति

तजस्सुस

एक बार
सिर्फ़ एक बार
आती हो दबे पाँव
और
दबे पाँव ही गुज़र जाती हो

तुम्हारी आमद
और
साअ़तों का क़याम
कितना मुख़्तसर है
लेकिन
कितना फ़ख़्रआवर
मगर
जहाँ तुम बार बार...
पलट पलट कर जाती हो
वहाँ भी
तुम्हारे यही मा'नी हैं
बहार!

तजस्सुस=उत्कंठा, तलाश, आमद=आगमन, साअ़तों=साअ़त का बहुवचन, पलों, क़याम=ठहरना, निवास करना, मुख़्तसर=संक्षिप्त, थोड़ा, फ़ख़्रआवर=गर्व लानेवाला

इख़्तियार

तुम पीरज़न भी
ज़ने-जवाँ भी
अज़ीज़ उम्रे-रवाँ तुम्हारी
जितनी बढ़ती है उतनी घटती
घटती है उतनी ही बढ़ती
ज़मीन-सी ही

हमारे रिश्ते
बसीत
बूदे-अज़ल अबद से
लतीफ़ भी हैं
शदीद शिद्दत से भी हैं लेकिन
शिगाफ़-आसा
कुछ बीच में है
इफ़्तिख़ारे-इख़्तिसार मेरा!

पीरज़न=वृद्ध स्त्री, ज़ने-जवाँ=युवती, अज़ीज़=प्रिय, उम्रे-रवाँ=प्रवाहित आयु, बसीत=विस्तृत, अबद=आदि से अंत तक के बीच का फ़ासला, शदीद=तीव्र, शिद्दत=तेज़, प्रचंड, शिगाफ़-आसा=दरार की तरह, इफ़्तिख़ारे इख़्तिसार=संक्षिप्त अधिकार

एक सवाल

मेरे लिए तो तुम–
पहाड़ से निकलो कि किसी के
गेसुओं के चाह से
किसी पिस्तान से शीर बनकर टपको
या उसके साथ साथ तुम भी वक़्त बनो–
एक ऐसी चीज़ हो जिसके बिना जीना मेरा निस्फ़ है।
लेकिन
ऐसा कौन–सा था ऐब तुममें आब
कि उन हाथों को
पाँव धोने की ख़ातिर
तुम्हारा नहीं
अश्कों का करना पड़ा था इन्तिख़ाब?

चाह=कुआँ, पिस्तान=स्तन, शीर=दूध, निस्फ़=अधूरा, ऐब=अशुद्धि, दोष, आब=पानी, इन्तिख़ाब=चयन

एक मंज़र

झाड़ियों के झुंड पर
लहरा रही
चमकती केंचुली को
एक चिड़िया
सिर घुमाती
देखती है
...
और फ़ुर्र ऽ से उड़ गई है।

एक मंज़र

फ़िज़ाओं में फैली
ख़िजाँ की ख़मोशी
सिमटने लगी है
खुली
अधखुली-सी
कई खिड़कियों में

नहीं

अब यहाँ
फ़िर्दोसे-फ़र्दा का नहीं मुम्किन गुज़र
अब कोई माज़ी नहीं
[सदियों तलक]
इक धुंध है...
और
धुँधलाई नज़र!
अब यहाँ
क्या ढूँढ़ते हो?
वो-अक़ीदों की अमावस
जो ठिठरते जिस्म के
यख़ होते
हाथों को दे
तग़ींबे-तलाश
जो फ़सीले-फ़ासला मिस्मार कर दे
तीरगी-ए-तिफ़्ल का बाबे-हयात
बन्द कर दे
खोल दे
ताबिन्दातर तख़ईल के बन्दे-क़बा

फ़िर्दोसे-फ़र्दा=भविष्य का स्वर्ग, माज़ी=अतीत, अक़ीदों=आस्थाओं, यख़=बर्फ़ से ठंडे, तग़ींबे-तलाश=खोज की प्रेरणा, फ़सीले-फ़ासला=दूरियों का परकोटा, मिस्मार=नष्ट, तीरगी-ए-तिफ़्ल=अँधेरा रूपी बालक, बाबे-हयात=जीवन द्वार, ताबिन्दातर=अत्यन्त प्रकाशित, तख़ईल=कल्पना, बन्दे-क़बा=परिधान के बन्द

अहसासे–उरियानी जगे!
पलकों में फिर पानी उगे!!
काई जमे!!!

अब कहाँ मुम्किन यहाँ
टिमटिमाते रोज़नों की एक दीवारे–अज़ीम!
मालूम से मालूम तक का–लम्बा सफ़र
मर चुका था 'वो'
मगर उसका ख़याल?

आ गए हैं,
रेगज़ारों की भयानक चिलचिलाती धूप में!
क़र्नों तलक फैला हुआ है,
एक 'नामालूम' का सहरा यहाँ!
अब
यहाँ!!
अब
कहाँ
मुम्किन
यहाँ

अहसासे=उरियानी=नग्नता की संवेदना, रोज़नों=छिद्रों, दीवारे–अज़ीम=महान दीवार, रेगज़ारों=रेगिस्तानों, क़र्नों=सदियों का बहुवचन

गुड़िया

वो लड़की अब ख़ुदा जाने कहाँ है...
वो लड़की!
जिसने अपनी
नन्ही गुड़िया हाथ में दे कर
कहा था—मुझसे
'लो कुछ देर तुम इसको सँभालो
मैं ज़रा बाज़ार जाकर
दूध, मक्खन और केले ले के आती हूँ
तुम्हारे वास्ते भी कुछ न कुछ
मैं—लेती आऊँगी

मुझे मालूम है
तुमको सफ़र पर दूर जाना है
मुझे मालूम है
सिर में तुम्हारे दर्द होता है
मुझे मालूम है
तन्हाई में तुम डरने लगते हो
मुझे मालूम है सब कुछ, जो अब तुम कहने वाले हो
यक़ीं रक्खो कि मैं बस यूँ गईं और यूँ आई!'

मैं अपने सहन में गुड़िया लिये
चुपचाप बैठा हूँ...?

सितारे शब के दामन में गिरे जाते हैं...
[रह–रह कर]
उफ़ुक़ पर सुब्ह की सुर्ख़ी
नुमायाँ होने वाली है?
अभी एक आध पल में सारी बस्ती जाग जाएगी!!

उफ़ुक=क्षितिज, नुमायाँ=प्रकट

सैलाब

बज रही हैं!
सुन रहे हो?
दूर से...
        अब बहुत नज़दीक है!
                        –नज़दीकतर
फिर वही–बिल्कुल वही–बरसों पुरानी
घड़घड़ाहट...
आओ!
हम सब
        फिर दुआ माँगें!

हमारे जिस्म के
        हर एक मू से
        इस दफ़ा तो पैर निकलें
        हम सब अपने अनगिनत पैरों से
        अब के
                भाग निकलें...
छोड़ कर–?
        घर और घरौंदे
                नद्दियाँ, नाले, परिन्दे
                        क़िस्से!

सैलाब=बाढ़, मू=रुआँ

घड़ घड़ड़ घड़ घड़घड़ाहट
घड़ड़ घड़–घड़ घड़घड़ाहट
घड़ड़ घड़–घड़ घड़घड़ाहट
घड़ड़ घड़ घड़ घड़घड़ाहट

रेगज़ारों की हथेली पर
          पसरतीं [अनगिनत]
                    गडमड
                        लकीरें

देखता हूँ!
          सोचता हूँ...
जिस्म में पसली नहीं है,
नाफ़ की एवज़ इक गहरा कुआँ है,
हर तरफ़
          अब ख़ाक का गहरा धुआँ है!
                    फल कहाँ है??

□□□

नाफ़=नाभि, एवज़=बदले